SHINE

ANA DE ANDRÉS

KOLIMA
BOOKS

Título original: *Shine*

Primera edición: Diciembre 2021
© 2021 Editorial Kolima, Madrid
www.editorialkolima.com

Autora: Ana M. de Andrés Garrido
Dirección editorial: Marta Prieto Asirón
Maquetación de cubierta: Beatriz Fernández Pecci
Maquetación: Carolina Hernández Alarcón
Imágenes: @Shutterstock

ISBN: 978-84-18811-45-6

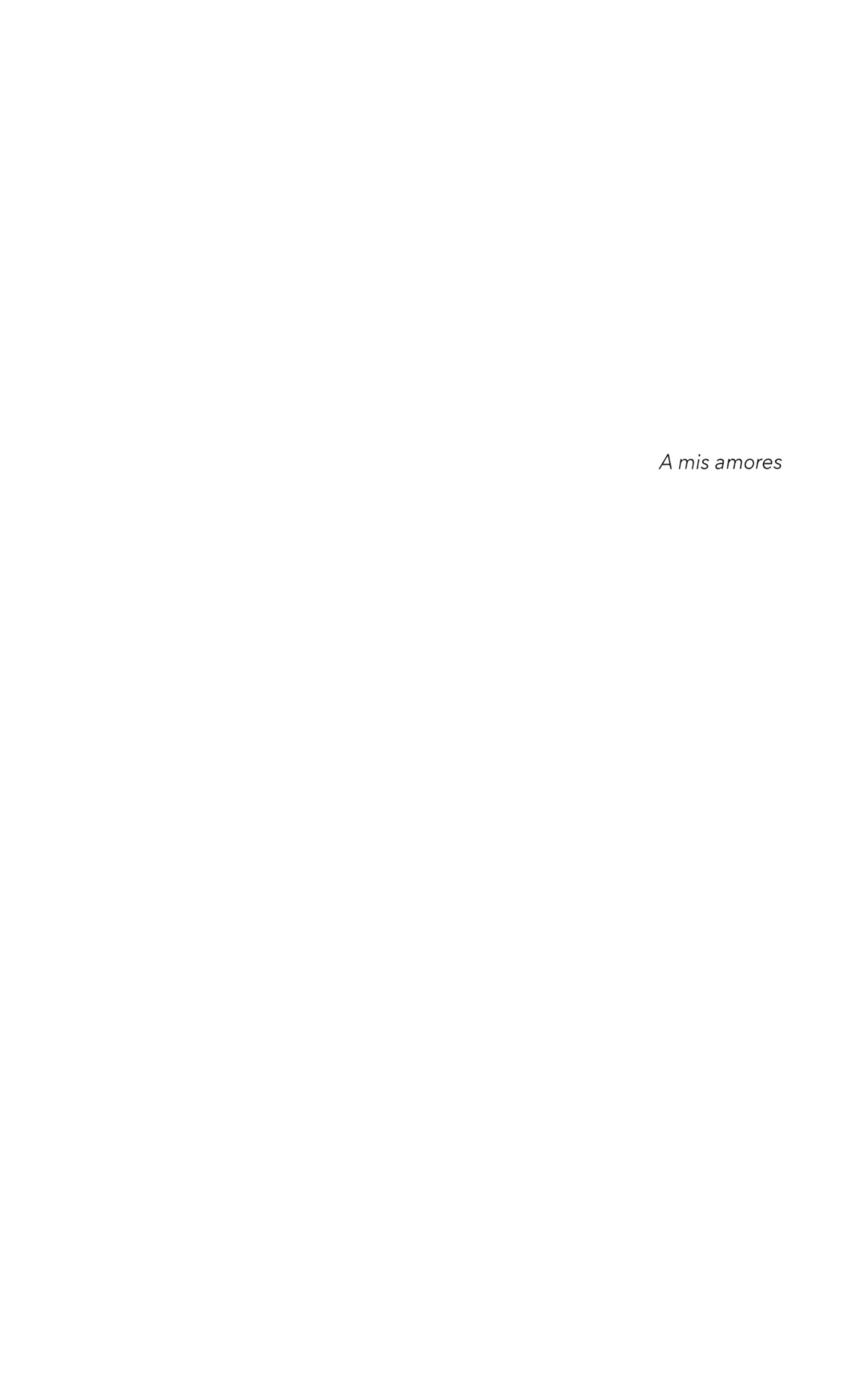

A mis amores

ÍNDICE

PRÓLOGO DEL CARO DOTTORE MARIO ALONSO PUIG

Todos somos conscientes del extraordinario impacto que tiene en una familia, en una empresa o en una sociedad, cualquier ser humano que sea capaz de aunar mentes y corazones en un proyecto común. Un proyecto cuyo objetivo no sea otro que mejorar, en alguna medida, la vida de las personas.

Hoy en día, cuando nos estamos enfrentando como especie a desafíos tan importantes, necesitamos de hombres y mujeres a los que les mueva una verdadera voluntad de servicio.

Quien vive el liderazgo como una oportunidad para servir está también escuchando la llamada a crecer y a evolucionar. Este crecimiento y esta evolución solo son posibles cuando hay una trascendencia del propio ego, un ego al que únicamente le interesan el poder, la fama y la fortuna.

En un mundo como el actual en el que el tipo de cambio que está teniendo lugar no es progresivo, sino disruptivo, necesitamos de personas dispuestas a emprender ese viaje del héroe que lleva de una forma de ser y de estar en el mundo a otra completamente nueva y generadora de todo un mundo de posibilidad. Estoy hablando de una forma de liderazgo, sea individual o colectivo, en el que lo diferencial y lo esencial es el lugar del cual emerge dicho liderazgo.

Albert Einstein decía que el problema del ser humano no estaba en la bomba atómica sino en su corazón. Por eso, cuando una persona que tiene una posición de liderazgo se olvida de que no está para mandar, sino para contribuir, entonces está dejando pasar la oportunidad de tener una influencia positiva y transformadora a su alrededor. Liderar a otros no es fácil si uno no ha aprendido primero a liderarse. Al final, liderar desde el Ser y no simplemente desde el hacer invita a recorrer ese camino sin distancia que hay entre la cabeza y el corazón.

«SHINE» es una propuesta para que descubramos la profundidad y la belleza que puede encerrar la palabra liderar. A través de las páginas de este extraordinario libro, Ana de Andrés nos presenta ocho ingredientes esenciales que cuando se combinan de la manera adecuada permiten liderar con verdadera autenticidad, propósito y sentido. Junto a conceptos de excepcional importancia, la autora nos aporta ejemplos que por su relevancia no dejarán a nadie indiferente.

Hay muchos libros que hablan de cómo ha de actuar un líder y muy pocos que hablen de cómo ha de ser un líder. Precisamente aquí está la esencia del liderazgo, en el Ser.

Navegar por esas aguas muchas veces desconocidas que nos conectan con la luz del Ser pide de unas cartas marinas adecuadas y que sirvan para orientar al navegante por semejantes aguas. SHINE ofrece un mapa preciso que, sin pretender ser lo mismo que el territorio, sí muestra cómo avanzar por este con serenidad, ilusión y confianza.

Estamos por consiguiente ante un magnífico libro que ha sido escrito no solo desde la cabeza sino también desde el corazón. Por eso, si bien es un libro escrito en prosa, también tiene un cierto aroma a poesía.

Encontrar un lenguaje sencillo y a la vez preciso para hablar de algo que en su esencia pertenece al mundo de lo sutil es desde mi punto de vista una gran proeza. Por eso no puedo más que felicitar a Ana por su gran trabajo y animar a los lectores a que se embarquen en su propio viaje de aventura y descubrimiento. El mundo se lo agradecerá.

MARIO ALONSO PUIG
Médico cirujano, conferenciante y escritor

SHINE

¿ESTE LIBRO ES PARA MÍ?

Me imagino que, como nos ocurre a todos, cuando aparece en tu vida un libro como este te planteas si te merece, si conectará contigo, si es el momento para leerlo, si te aportará algo nuevo…

Como ocurre con todo lo importante, la esencia de este libro no está en sus páginas, sino en ti. Una parte sustancial del retorno de la inversión que vas a hacer vendrá solo si haces «acuse de recibo» de lo que te provoque su lectura y decides hacer algo con ello. Además, este no es un libro solo para leer, sino un conjunto de propuestas y posibles estrategias para convertirte en una versión mejor y más exitosa de ti mismo. Un libro sobre liderazgo, aunque también sobre la propia vida, que te puede ayudar a sacar lo mejor de ti mismo, y a hacer lo mismo con los demás.

Para comenzar el diálogo que espero mantengamos abierto a lo largo de sus páginas te propongo un *teaser* de algunos de los conceptos que encontrarás en forma de test de personalidad (aunque no demasiado ortodoxo). Completarlo te llevará unos cinco minutos y te ayudará a decidir si es para ti en ese momento.

01 Cuando pienso en cambiar el mundo… ¿en qué mundo estoy pensando?

☐ En el mío, por supuesto

☐ En el mío y en el de las personas que dependen de mí

☐ En un mundo que se ha ido expandiendo a medida que he ido avanzando

☐ Por inocente que parezca… quiero contribuir a crear futuros mejores para todos

02 Cuando escucho la palabra transformación...

- ☐ Pienso en mi jefe

- ☐ Es la palabra de moda, que en el fondo se usa como excusa para no cambiar nada

- ☐ Se me ocurren proyectos para llevar a cabo en mi organización

- ☐ Ya he aprendido –y me despierta una sensación agridulce– que comienza por mí

03 Esto de la incertidumbre y la complejidad me parece...

- ☐ Agotador, la verdad….¿Cuándo vamos a recuperar una cierta sensación de orden?

- ☐ Incómodo. No termino de entender qué se espera de mí. Yo he llegado adonde estoy a base de mucho trabajo y de mantener el control

- ☐ Que ha llegado para quedarse y representa múltiples oportunidades

- ☐ Una oportunidad para profundizar, expandir mi punto de vista y vivir experiencias extraordinarias, aunque no todas sean fáciles

04 Mi relación conmigo mismo/a es:

- ☐ Estupenda. Estoy por encima de la media en todo lo importante

- ☐ Algo que intento cultivar: Hago *mindfulness*, practico deporte, me ocupo de desarrollar mi inteligencia emocional…

- ☐ Ya he descubierto que a veces soy parte de la solución y otras del problema

- ☐ Cada vez más profunda, consciente, reveladora. Fuente de muchos aprendizajes, algunos de los cuales habría querido evitar

05 Cuando conozco a alguien en el ámbito profesional, en general mi postura de partida es:

- ☐ Investigo cómo es esa persona, qué intereses compartimos y cómo me puede ayudar

- ☐ Intento descubrir cómo nos podemos ayudar mutuamente

- ☐ Me pongo a su servicio para cualquier cosa que le pueda aportar

- ☐ Mantengo una actitud abierta, observo y espero a tener datos para cultivar la relación

06 ¿Quiénes son las personas cuyo bienestar es importante para ti?

☐ Si soy sincero, yo mismo y las de mi círculo cercano…; bastante tengo con eso

☐ Las personas a mi cargo o aquellas sobre las que puedo tener influencia

☐ Siempre he creído en el papel de las organizaciones como agentes de cambio social

☐ A medida que avanzo en el camino, cada vez más, considerando que he redefinido el concepto de bienestar

07 Mis objetivos:

☐ Son ambiciosos, claros, concretos y aterrizados. Es la única forma de lograr algo sólido

☐ Se centran en hacer avanzar los de mi organización, los de mi equipo, y los míos propios

☐ Más que en los objetivos, estoy interesado/a en trabajar por un propósito

☐ Siempre he sido una persona de «causas», que han ido evolucionando con el tiempo, aunque nunca se apartan mucho de la original

08 Estoy listo/a:

☐ Para que me promocionen. Me lo he ganado

☐ Para seguir avanzando en mi carrera, aunque eso suponga cambiar de empresa o de país, o hacer algo diferente

☐ «Para cambiar tanto crecimiento por un poco de felicidad»[1]

☐ Para seguir luchando por mis causas con más tracción y menos sacrificio… y disfrutar en el camino

---

1   Esta frase se la debemos a la película *American Splendor*, basada en los cómics autobiográficos del guionista americano Harvey Pekar. Los cómics (y la película) se distinguen por tratar sobre la vida cotidiana de un trabajador americano medio en una época (los años 70-80) en que normalmente se centraban en relatar aventuras increíbles cuyos protagonistas eran súper-héroes y súper-heroínas.

09 Esto del liderazgo...

☐ Me viene como anillo al dedo. Estoy hecho/a para ser líder

☐ Llevo tiempo intentando mejorar. Voy a cursos, leo mucho, tengo un *coach*...

☐ Es cada vez más una responsabilidad colectiva... Se trata de dejar de ser nodo para ser red

☐ Últimamente pienso que la clave es poner el foco en mejorar el *followship* (de los seguidores) para elevar entre todos la calidad del *leadership* (liderazgo)

10 Podría estar largo rato conversando con:

☐ Un experto en inversiones, un CEO, un emprendedor exitoso... gente que me dé recetas para llegar lejos

☐ Un experto en tecnología o en sectores emergentes, alguien que trabaje en proyectos innovadores

☐ Un filósofo, un científico... También mis colegas, mis clientes, la gente de mi equipo

☐ Cuando escucho atentamente todo el mundo tiene una historia que contar

11 Si puedo elegir...

☐ Quiero rodearme de gente que haga las cosas bien y sin quejarse... y que cada uno estemos en nuestro lugar

☐ Quiero tener gente capaz en mi equipo para compartir objetivos y poder delegar

☐ Quiero estar con gente mejor que yo tanto desde el punto de vista humano como intelectual

☐ Estoy listo/a para crear alianzas amplias para hacer avanzar mis causas

12 Lo de jugar el juego me parece...

☐ Necesario. Imprescindible. Si no, no hay manera de avanzar

☐ Algo a los que se dedican ciertas personas en lugar de trabajar. Estoy considerando el jugarlo yo también

☐ Me ha costado dejar de juzgar a quienes lo juegan, pero he entendido que puede merecer la pena por las causas correctas

☐ Necesario, siempre que se juegue limpio y el propósito lo merezca. La experiencia me ha enseñado que es un paso obligado en el camino para poderlo transformar

Como podrás imaginar, a estas alturas no hay respuestas correctas ni incorrectas. Lo que hay son anhelos diversos –este libro es más para *seekers* (buscadores) que para *finders* («encontradores»)–, y momentos vitales y profesionales. Espero que las pistas que aparecen en el test te sirvan para hacerte una idea de si el libro puede ser para ti, aunque en realidad seguramente ya lo habías decidido antes de abrirlo. En cualquier caso, gracias por llegar hasta aquí.

DE AMOR Y PANDEMIAS

*El poder en su máxima expresión es el amor llevando a cabo
las demandas de la justicia.
La justicia en su máxima expresión es el amor corrigiendo
todo lo que se le opone.*

MARTIN LUTHER KING JR.[2]

Este libro es una invitación a sumarse a una alianza de seres despiertos. A descargarnos la versión más «actualizada» posible de nosotros mismos para aplicarla a la más necesaria que nunca actualización de la humanidad. Y a hacerlo con otras personas de buena voluntad en todo el mundo que han entendido que estos tiempos increíbles representan una gran oportunidad para transformar nuestras organizaciones, instituciones, países, e incluso el planeta.

La crisis del coronavirus y todas sus externalidades, muchas de las cuales aún no somos capaces de vislumbrar, marcan el fin de una época. Existe una ventana de oportunidad –que se va haciendo cada vez más estrecha– para que los nuevos futuros sean mejores si un número cada vez mayor de nosotros aprovechamos la oportunidad que nos traen los tiempos, no solo para no volver donde estábamos, sino para cam-

---

2   Martin Luther King Jr. (1967) *Where Do We Go From Here: Chaos or Community?* Beacon Press. En este libro, muy actual a pesar del paso del tiempo, Martin Luther King describe algunos de los desafíos tan presentes en este momento y habla de la necesidad de atajar la desigualdad y de la comunidad global: «Hemos heredado una casa grande, una gran 'casa mundo' en la cual tenemos que vivir juntos negros y blancos, orientales y occidentales, gentiles y judíos, católicos y protestantes, musulmanes e hindúes, una familia separada indebidamente por ideas, cultura e interés, quienes, porque no podemos vivir separados para siempre, debemos aprender de alguna manera a vivir juntos en paz».

biarlo todo, empezando por nosotros mismos. Una oportunidad para emprender una revolución en la que cada vez más personas elijamos ser parte de la «desviación positiva»[3], y nos apliquemos con determinación y sabiduría, pero también con humor y cierta irreverencia, a ir en pos de nuestro potencial. Para que nuestros jóvenes demanden el papel protagonista que les corresponde desempeñar en este momento y para que quienes están en posiciones de poder resuelvan ejercerlo con amor y compasión, en respuesta a las demandas de la justicia como decía Luther King. Y para que un número cada vez mayor de nosotros entendamos que, aún si se pudiera conservar la antigua normalidad, no merecería la pena, porque solo alcanzaremos un bienestar realmente sostenible si incorporamos el del otro, el de los otros, el de cada vez más otros, a la ecuación.

A estas alturas la mayoría hemos abandonado cualquier ilusión de que los cambios necesarios se originarán a partir de alguna estructura o súperestructura, o de que se harán de arriba hacia abajo. Ya estamos preparados para aceptar que vendrán de un movimiento global de agentes de cambio que apliquen energía y voluntad a la transformación de lo colectivo. Y de la colaboración efectiva y en formas nuevas, creativas y poderosas entre individuos e instituciones, y entre los actores, de mundos, disciplinas y épocas diversas, que decidamos ser parte activa, discerniente y creadora de lo que vendrá.

Por eso creo que ha llegado el momento de que este libro vea la luz. El momento kairós[4] para compartir un manual alternativo con la mejor «tecnología punta» que conozco para librar la batalla de la transformación con más tracción y menos sacrificio. Una tecnología que he aprendido trabajando con más de dos mil personas que representan un

---

3   El concepto de desviación positiva está basado en la observación de que en cada grupo humano hay ciertos individuos o grupos cuyos comportamientos y estrategias inusuales les permiten encontrar mejores soluciones que a sus iguales, a pesar de tener acceso a las mismas fuentes y enfrentar desafíos similares o peores. Un concepto poderoso que me ha sido muy útil en algunos momentos de mi vida.

4   Kairós, o el «tiempo de Dios». Los griegos tenían dos palabras para referirse al tiempo: Cronos y Kairós. La primera se refiere al tiempo cronológico o secuencial; la segunda se refiere a un concepto de la filosofía griega que representa un lapso indeterminado en que algo importante sucede. Su significado literal es «momento adecuado u oportuno». Mientras la naturaleza de Cronos es cuantitativa, la de Kairós es cualitativa.

mosaico de nacionalidades culturas, disciplinas, trayectorias, historias personales, estilos y generaciones en todo el planeta. Un recorrido que me ha permitido ser testigo de transformaciones extraordinarias como las que requieren de nosotros los tiempos que nos está tocando vivir, que nos invitan, independientemente de cuán conscientes seamos de ello, a plantearnos qué gestos grandes o pequeños, cambios personales o de nuestro entorno podemos emprender para transformar nuestra realidad.

Lo que viene no podemos afrontarlo desde el mismo nivel de evolución, ni con los mismos modelos mentales, herramientas y habilidades con los que antes hacíamos las cosas. Son precisas otras estrategias y herramientas, y aunque pudiera parecer lo contrario, muchos ya estamos listos para ese viaje. Lo que tenéis en vuestras manos es un intento de compartir mis particulares estrategias para una aventura no apta para pusilánimes, pero tampoco para los que os sintáis firmemente apegados a ninguna verdad. Una aventura que sin duda merecerá la pena para aquellos de vosotros que en algún momento hayáis soñado con dejar un legado «verdadero, bello y bueno»[5] y que requiere además de visión, coraje, una cierta irreverencia y ganas de disfrutar.

Descubriremos juntos ocho estrategias. Las cuatro primeras tienen que ver con emprender la propia revolución para poder tener una vida a la altura de nuestro potencial. Con cruzar el umbral de la auto-transformación en diálogo con la vida, sin agotarnos y caer en la trampa –que muchos conocemos bien– del deber. Las cuatro siguientes tienen que ver con establecer las condiciones para que ese ser brillante que somos pueda expresarse de forma más completa y expandida, y eso nos permita algo tan importante como acercarnos a nuestros sueños.

Las estrategias que vamos a descubrir no son atributo de súper-héroes y heroínas, sino que están presentes en dosis diversas en los mejores seres humanos con los que me he encontrado en el camino y a los que he visto «por dentro». Lo que vais a leer es así, por encima de todo,

____

5   Para una reformulación sobre las virtudes básicas de la trilogía kantiana adaptada a nuestros días, os recomiendo el libro de Howard Gardner, *Verdad, belleza y bondad reformuladas*. 2011. Editorial Paidós.

un homenaje a mis referentes, a todas esas personas de mundos diversos que han traído color a mi vida y me han convencido de que todo el mundo tiene algo extraordinario que aportar.

Ojalá sus historias y mis aprendizajes os sirvan para descubrir algunas claves para el proceso de sofisticación que las múltiples mutaciones del mundo como lo conocíamos van a requerir de cada uno de nosotros. Para desarrollar vuestro mejor *leadership*, y para encarnar al mismo tiempo un mejor *followship*, para que los que quieran regir nuestros destinos no puedan hacerlo sin nosotros, y se encuentren al otro lado a personas lúcidas, pensantes y dispuestas a hacerse cargo de sí mismas.

Es el momento para formar parte de la «red de esperanza» y de brillar en el camino. No permitamos que nadie nos robe esta época llena de posibilidades, ni la oportunidad de que ganen los buenos. Cerremos los ojos e imaginemos mejores futuros. Y al abrirlos, pongámonos a la tarea de cambiar cada uno el entorno que tengamos más cerca. Transformemos la realidad, sumemos esfuerzos y voluntades para lograr un cambio que valga realmente la pena… y que la Fuerza nos acompañe.

EL CONTEXTO

UN NUEVO ORDEN MERECE OTROS LIDERAZGOS

En tiempos de cambio, quienes estén abiertos al aprendizaje se adueñarán del futuro, mientras que aquellos que creen saberlo todo estarán bien equipados para un mundo que ya no existe.

ERIC HOFFER

Hace tiempo que vivimos un «nuevo orden» que nos plantea dilemas antes desconocidos y representa al mismo tiempo enormes oportunidades, y que nos fuerza, pese a nuestros miedos y reticencias, a buscar formas diferentes de dirigir nuestras sociedades, nuestras economías, nuestras organizaciones… y a nosotros mismos. A la situación compleja que veníamos arrastrando debido a la lenta salida de la última crisis económica y a sus perdurables consecuencias para muchos, se le añade todo lo que significará navegar la crisis post-Covid-19, con sus múltiples facetas e ineludibles desafíos.

En el ámbito geopolítico, vivimos tiempos caracterizados por lo que los expertos han dado en llamar el «nuevo desorden internacional» o «anarquía internacional sistémica»[6], un sistema multipolar cuyos actores fundamentales son cada vez más volátiles e interaccionan en formas crecientemente impredecibles. Esta ausencia de orden se ve reflejada

---

6   Términos que emplean los estudiosos de estos temas y que vi por primera vez citados en la revista *Quéstions internationales* N°85-86 mayo-agosto 2017, en el artículo «*Le nouveau désordre international*». El artículo describe el contexto internacional y se centra en el retorno de las tensiones entre estados, el aumento del populismo, la desigualdad, las redes de delincuencia organizada, las amenazas al medio ambiente, pandemias... explicando cómo este nuevo «desorden internacional» parece estar ganando terreno en todas partes.

en las limitaciones de las instituciones y de los sistemas de gobernanza para desempeñar de modo efectivo su papel o para proteger espacios fundamentales. La sensación en muchos ámbitos fundamentales es que, en lugar de avanzar, nos movemos en círculos o incluso hacia atrás. Por otra parte, ya antes del coronavirus los acontecimientos políticos globales y los nuevos estilos de liderazgo imperantes en países clave habían alterado constantes elementales del mundo tal como lo conocíamos, haciendo la distinción entre países sólidos y líquidos[7] cada vez más tenue, como lo demuestra, si es que aún albergábamos aún alguna duda, la manera en que están gestionando la crisis.

Algunos han acuñado ya la distinción entre el «mundo BC» (*Before Coronavirus*, antes del virus) y el «mundo AC» (*After Coronavirus*, después del virus)[8], aunque en realidad ya hacía mucho tiempo que el mundo BC había dejado de ser complicado, y por lo tanto domesticable, para «graduarse» y convertirse en complejo. Lo que está ocurriendo nos demuestra que la complejidad, lejos de ser pasajera, ha llegado para quedarse.

Este «desorden» y la crisis de los sistemas, estructuras y relatos que nos han traído hasta donde estamos nos enfrentan a dilemas que no tienen solución desde la misma lógica en la que se crearon, y que en modelos más autoritarios no se daban a igual escala porque no había espacio para ellos, porque los procesos de decisión estaban mucho más acotados y los actores clave limitados… y porque ni la web era omnipresente ni los medios de comunicación jugaban el mismo papel. Lo que estamos viviendo hace que parezca llegado el momento de aprovechar todos los «velos» que la crisis del coronavirus ha levantado para percibir lo que realmente había detrás de ellos y aplicarnos a su transformación. El momento de «resetear» y «resetearnos».

En nuestras sociedades, cada vez más polarizadas, la política vive tiempos difíciles. Ya en el mundo BC presenciábamos una creciente descon-

---

7   Elif Shafak, escritora de origen turco, hace esta distinción cuando habla sobre cómo aprender a vivir en la complejidad.

8   Spike Lee, el director de cine afroamericano, habló de esta distinción en el estreno de un nuevo cortometraje en la CNN a principios de mayo del 2020, dedicado a Nueva York y filmado durante los días más duros de la crisis sanitaria.

fianza hacia los gobiernos y un aumento del populismo, el viraje hacia movimientos extremistas, la fragmentación de las fuerzas políticas y la aparición de cismas de naturaleza diversa en muchos países, que se han visto claramente agravados con lo que estamos viviendo. Todas estas corrientes son enemigas de la transformación y de las reformas en gran medida estructurales que necesitamos, tanto en nuestros países como en nuestras sociedades y organizaciones. De hecho, estos fenómenos nos están trasladando la creencia de que el futuro solo puede ser peor para la mayoría, una sensación de caos, de violencia incipiente, un creciente interés por las «salvaciones individuales» en detrimento de las colectivas, y un retroceso en áreas fundamentales.

Necesitamos nuevos liderazgos para tiempos extraordinarios

Y sin embargo no es menos cierto que estamos inmersos en una época extraordinaria, de grandes posibilidades, y que lo que estamos viviendo podría tener el potencial de ayudarnos a despertar a un nivel más profundo de conciencia y renovación colectivas, siempre que seamos capaces de trabajar con sabiduría en los «puntos de acupuntura»[9] fundamentales. Si lo pensamos bien, el hecho de que tantas verdades antiguas se hayan desmantelado representa una oportunidad para crear otras nuevas. Para lograrlo, el cambio de modelo en nuestras sociedades y economías tiene que ir acompañado de un cambio de paradigma también en la forma en la que lideramos nuestras organizaciones, instituciones y países.

---

9   La primera vez que escuché hablar de «puntos de acupuntura» en el ámbito de transformación de lo social fue a Otto Scharmer en un *workshop* de su organización, el Presencing Institute, sobre la «Teoría U» en Boston en 2014. Desde entonces he adoptado la expresión, que me parece brillante.

Los tiempos hacen necesario llevar a cabo un proceso de análisis y redefinición para poder construir un concepto de liderazgo colectivo que nos prepare para enfrentar los retos de manera más consciente, efectiva y generosa. Los tiempos del liderazgo heroico[10] –con su componente elitista incluido– parecen estar tocando a su fin. El contexto se ha vuelto tan complejo que los líderes heroicos hoy son incapaces de solucionar por sí mismos los «desafíos adaptativos»[11], aquellos en los que no es posible que un solo individuo conozca la solución porque ni siquiera se puede esperar que haya una definición clara del problema. Desafíos adaptativos (casi todos hoy en día), que requieren la colaboración entre diversos actores, cada uno de los cuales tiene acceso a un aspecto diferente de la realidad, defiende objetivos diversos (cuando no contradictorios) y que nos fuerzan a reinventarnos y «reinventar los problemas» para poder plantearlos de una forma que genere, no ya las respuestas, sino las preguntas adecuadas. Estos actores colectivos, que a menudo traspasan geografías, idearios, sectores, líneas de autoridad, instituciones y organizaciones, necesitan compartir información de forma transparente y también redefinir conceptos, imaginar propósitos, crear planes, influir y permitirse ser influidos, y tomar decisiones clave de una forma verdaderamente colaborativa.

Esta época de grandes sombras, aunque también de mucha luz, convierte en urgente la tarea de no mirar hacia otro lado, a pesar del sentimiento de frustración y de poca tracción que a menudo sienten los que forman parte de las corrientes de transformación y descubrimiento de nuevos modelos políticos, sociales, económicos y organizacionales. Las nuevas realidades nos plantearán sin duda –ya lo están haciendo– situaciones en las que ya no sirvan los viejos remedios y se harán necesarios liderazgos capaces de vivir con holgura en la complejidad, en lugar de intentar ordenarla o gestionarla de modo más o menos eficiente. Parte de la clave de estos nuevos liderazgos está por tanto en saber vivir en este desorden, incorporándolo a nuestras vidas con naturalidad

---

10   Petrie, Nick. (2014) «*White Paper on Future Trends in Leadership Development*». Center for Creative Leadership.

11   Terminología que tomo prestada de Ronald Heifetz, Marty Linsky & Alexander Grashow (2009). «*The Practice of Adaptive Leadership: Tools and Tactics for Changing Your Organization and the World*». Harvard Business Press.

y aprendiendo a navegar por él con la casi sola compañía de nuestra esencia más elemental. Liderazgos visionarios que entiendan el potencial efecto multiplicador de nuestras instituciones cuando estas son capaces de asociarse con otras fuerzas transformadoras poderosas, dejando atrás la agenda pequeña y renunciando a demandar trofeos individuales en favor de los logros colectivos y una agenda grande.

Líderes en red y responsabilidad colectiva

Precisamente por todo eso, el liderazgo no podemos dejárselo a los líderes, aunque las clases dirigentes sean un elemento crítico. Necesitamos un liderazgo colectivo y distinto, que debería regirse por los dictados del futuro y no ser una repetición del pasado. Las transformaciones necesarias solo podrán venir de un movimiento global de agentes de cambio que apliquen sus energías a la transformación de lo micro y de lo macro al mismo tiempo. Personas capaces de descubrir y entender las dinámicas de transmisión entre lo local y lo sistémico, que entiendan cómo incidir en lo colectivo desde lo individual, y que estén dispuestas a navegar en la complejidad aprovechando las muchas oportunidades existentes. Solo ese liderazgo liberado de las cúpulas de las sociedades y de las organizaciones logrará que hagamos responsables a nuestros dirigentes de sus decisiones y acciones de una forma efectiva y consistente, y será la única fuerza que pueda contrarrestar la inercia y la inacción respecto a temas cruciales en los que nos habíamos ido instalando en las últimas décadas. En palabras de uno de mis clientes, alto directivo de Naciones Unidas y experto en geopolítica, en estos tiempos la prioridad debería ser elevar la calidad del *followship* (los seguidores) porque solo así elevaremos de verdad la del *leadership* (el liderazgo). El concepto de liderazgo como algo exclusivo ha quedado atrás, y la creación de esa fuerza contraria a la inercia hace necesario que cada uno de nosotros nos hagamos cargo de nuestra cuota de la responsabilidad.

En el actual contexto, los movimientos a la contra no nos van a servir para abordar el futuro, porque miran hacia atrás y no sirven para imaginar lo que podría ser o venir. Ir en contra de la globalización, el capitalismo, los modelos democráticos, el Estado en sus diferentes formas, los poderes establecidos, los valores dominantes… no nos traerá soluciones. Y es que «en esto de ir hacia el futuro, la carretera no está pavimentada[12]. Para los dilemas a los que nos enfrentamos no hay soluciones archivadas, y solo se pueden abordar situándonos por encima de nuestras posiciones individuales y de la lógica desde la que se crearon, y haciendo acopio de grandes dosis de creatividad colectiva. El consenso cada vez más extendido ya era que nuestro actual sistema no nos podía traer un futuro muy distinto al que tenemos, pero además ahora corremos el riesgo de que la crisis que estamos viviendo nos lleve a abandonar definitivamente la esperanza de que las cosas cambien hacia un futuro mejor para todos, y a aceptar sin remisión que para la mayoría del mismo solo puede ser peor y que nuestro margen de maniobra se reduce a intentar que en nuestro caso particular sea solo «un poco menos peor».

Para navegar en estas circunstancias necesitamos personas que traspasen las fronteras de su propio pensamiento y hagan evolucionar las de sus ideas, proyectos, equipos y organizaciones. Necesitamos cuestionarnos la idoneidad para hacer frente al futuro de las estructuras y estilos de liderazgo tradicionales. Necesitamos líderes que estén dispuestos a transformarse para transformar, y que tengan habilidades bastante diferentes a esas que eran tan útiles cuando los problemas estaban mejor definidos. Y necesitamos personas que no se tomen a sí mismas más en serio de lo necesario, con la visión y la generosidad para poner por delante el largo plazo y la agenda común, y para añadirle a la fórmula mucha voluntad y fuertes dosis de sentido del humor y perspectiva, recordando siempre que, en el fondo, todo es un juego. Personas que contribuyan a conformar proyectos donde quepamos todos y estén dispuestas a «jugar el juego» en beneficio de las causas apropiadas.

---

12   Zygmunt Bauman. (2003). *Modernidad líquida*. Fondo de Cultura Económica de España, S.L.

Si aceptamos que el verdadero cambio de escenario partirá de procesos de liderazgo colectivo, se trata de salir de nuestra necesidad de ser nodos para contribuir a crear y cuidar estas redes favoreciendo las condiciones para que el liderazgo florezca dentro de ellas. Y aunque parezca paradójico, de empezar por nosotros mismos para hacer detonar ese liderazgo colectivo y reforzar esas redes y movimientos. Se trata de cultivar cada uno de nosotros lo que necesitamos para poder jugar un papel de liderazgo en los tiempos que corren y contribuir desde ahí a construir un futuro distinto.

En este «nuevo orden», todo y todos estamos interconectados. Se trata de aceptar que somos parte tanto de la solución como del problema, y que no tendremos verdadera autoridad moral para transformar nada hasta que entendamos y dominemos la «tecnología básica» de la transformación y emprendamos la tarea de intentar ser poco a poco maestros de nosotros mismos. Y de entender que lo primero y casi lo único que tenemos a nuestra disposición para cambiarlo todo es precisamente transformar el «punto ciego»[13], ese espacio interior desde el que somos y operamos, y que da color y textura a todo lo que pasa a nuestro alrededor.

 Para caminar por los territorios sin mapas en los que nos estamos adentrando, donde la sensación de incertidumbre y la falta de asideros nos pueden llevar a la angustia, a la acción irreflexiva y a la parálisis, la respuesta no es encogerse o ausentarse, esperando a que pasen el caos y el dolor, sino aprovechar la oportunidad para comenzar a despertar. Un despertar que tal vez solo pueda iniciarse reconociendo que el viaje más importante que debemos emprender es el de la auto-transformación y que dejemos de pensar –confesándolo o no– que los que tienen que cambiar son los demás.

---

13   Concepto poderoso que usa Otto Scharmer en el contexto de su modelo, la Teoría U.

SOMOS CAMBIO

Puestos a cambiarlo todo, conviene incluirse.

ÁNGEL GABILONDO

Cuando volví a Europa en el año 2008 después de una etapa profesional en Estados Unidos, estaba comenzando la última crisis económica mundial, esa que nos dejó precarizados, faltos de un relato de futuro digno mejor para todos y carentes de referentes. Una crisis que, si hacemos caso a los expertos, no fue nada en comparación con la que se avecina.

En aquel momento empecé a trabajar muy de cerca con directivos a nivel global, y me di cuenta de que hasta al más alto nivel, la inquietud, el miedo, la falta de seguridad en su propia capacidad y potencial y en los de sus organizaciones, y el relato dominante sobre el futuro incierto y oscuro que nos esperaba les estaba paralizando, y que esa parálisis tenía consecuencias directas para sus equipos, sus organizaciones y sus entornos… y para todos nosotros. Se me ocurrió entonces ponerme a buscar fuentes autorizadas de sabiduría, más allá de las convencionales, formas de acompañarlos y espacios para analizar con ellos la temática de la incertidumbre y el cambio con un lenguaje nuevo, desde otro lugar y con una perspectiva ampliada.

Comencé el proceso de documentarme sobre el tema buscando referencias y puntos de vista que me permitieran asistirlos en la búsqueda de salidas más o menos elegantes de sus estados de encantamiento. El camino fue extremadamente rico y me llevó a acercarme a estudiosos y sabios de diferentes tradiciones que ofrecían formas productivas de pensar en la incertidumbre y en el cambio que me parecieron apropiadas para ampliar recursos, empezando por los míos.

El resultado de aquella búsqueda fueron una serie de tesoros que me acompañan desde entonces y que me han servido para interpelarme e interpelar, y para salir de algún que otro hoyo, y que creo merece la pena revisitar para poder afrontar con gracia los tiempos que vivimos. No pretendía entonces, ni pretendo ahora, abordar una relación pormenorizada ni autorizada de perspectivas y herramientas -otros que se dedican al tema lo han hecho mejor que yo-, pero sí me gustaría compartir algunas miradas que provienen de disciplinas dispares y que por tanto sería difícil encontrar en un mismo lugar… y que precisamente por eso pueden tener la virtud de ofrecernos una perspectiva amplificada para enmarcar el fenómeno del cambio y prepararnos con renovada inteligencia para lo que vendrá.

Las comparto en forma de conclusiones elementales que refuerzan lo que sin duda ya sabéis, con la esperanza de que el verlas juntas y expresadas de una forma tan simple apele a vuestra propia sabiduría.

1. **Somos cambio**

El cambio -verdadero, duradero y profundo- es la realidad más patente y persistente del mundo. Independientemente de esto, todavía muchas personas e instituciones lo abordan como un desafío técnico, creyendo que eso las protege de los problemas reales, en lugar de buscar respuestas a preguntas que en realidad son mucho más profundas.

«Hemos alcanzado niveles tan explosivos de libertad que, por primera vez en la historia, tenemos que gestionar nuestra propia mutación», afirma Peter Koestenbaum, profesor de filosofía de la Universidad de San José, en California, y uno de mis grandes maestros[14]. En realidad, podríamos argumentar que las «nuevas normalidades» -la expresión me sigue produciendo cierto desasosiego-, con las necesarias revisiones de nuestras economías, sociedades, instituciones y desorden geopolítico, son simplemente formas que

---

14   Koestenbaum, Peter. 1999. *Liderazgo: la grandeza interna*. Prentice Hall.

adquiere en nuestros tiempos nuestro desafío existencial y al mismo tiempo una prueba de fuego para nuestros líderes, que deberían ser capaces de guiar a sus instituciones y organizaciones mientras lidian al mismo tiempo con sus propios desafíos existenciales. Las patologías de nuestras antiguas normalidades, y sin duda las de las «nuevas» que tendremos que enfrentar, generan por definición demandas imposibles y conflictos entre variables casi irreconciliables.

Abordar lo que viene requerirá una transformación evolutiva de quiénes somos, cómo nos comportamos, cómo pensamos y qué valoramos. A la mayoría esta crisis nos ha cogido distraídos, atrapados en la literalidad, en la preocupación por «lo nuestro» y en la tiranía de lo urgente. Y sin embargo creo no equivocarme al afirmar que los tiempos no van a dejarnos otra opción que la de enfrentarnos a una serie de preguntas que tarde o temprano tendremos que abordar.

2. **El cambio maduro se hace de dentro afuera y requiere el desarrollo de perspectivas expandidas**

En este sentido, el trabajo sobre «Adult Development» representa una perspectiva relevante, no solo para comprender la transformación en primera persona, sino especialmente para poder acompañar a otros en las suyas con cierta autoridad moral. Se trata de un cuerpo teórico poderoso relacionado con el cambio desarrollado por diversos investigadores hasta transformarlo en una serie de modelos y marcos consistentes[15].

Se basa en una premisa fundamental: lo que dicen los expertos –y la investigación demuestra– es que los humanos seguimos progresando una vez alcanzada la edad adulta (a tasas variables, dependiendo principalmente de nuestros anhelos, de nuestro entorno y del acompañamiento que recibimos) a través de etapas

---

15   Me resisto a traducirlo como «Desarrollo de adultos» porque la expresión en castellano no recoge en absoluto el concepto ni le hace justicia. Se trata de un *corpus* extenso construido a partir de diversas teorías como el *«Life-Span Developmental theory»*, la Teoría del Desarrollo Psicosocial de Erikson, los modelos de Michael Common y Carl Jung, el trabajo de Daniel Levinson y últimamente el de Robert Kegan y Lisa Lahey's en su libro *Immunity to Change*, entre otros.

predecibles de desarrollo mental, emocional y espiritual. La mayor parte de nosotros crecemos gracias a –o a pesar de– diferentes experiencias de aprendizaje (la familia, la escuela, la cultura en la que nos integramos y todo lo demás que nos encontramos por el camino), a través de una serie de etapas que los expertos llaman de desarrollo horizontal. Pero algunos audaces deciden aventurarse de forma consciente y consistente a lo largo de la vida en lo que los expertos llaman desarrollo vertical, que se traduce en que a medida que avanzamos a niveles superiores aprendemos a ver el mundo con una mirada nueva, cambiamos nuestra interpretación de las experiencias que vivimos y logramos expandir nuestras mentes. En el proceso adquirimos la capacidad de transformarnos y transformar traspasando barreras e incluyendo a cada vez más personas en nuestro concepto de cuidado y de felicidad. Estas mentes expandidas pueden albergar con comodidad las contradicciones y nos permiten dejar de gravitar hacia el pensamiento polarizado y abordar los dilemas con mucha más comodidad.

Cualquier intento maduro de desarrollo de las personas debería concentrarse por tanto en facilitar su tránsito a través de estas etapas y apoyar conscientemente el desarrollo de estas perspectivas expandidas. Si lo pensamos bien, esto tendría que llevarnos a revisar profundamente las metodologías de aprendizaje, ya que, si bien el desarrollo horizontal puede ser transmitido, el desarrollo vertical solo puede ser inducido y se logra siempre de adentro hacia afuera.

El desarrollo vertical es por tanto el verdadero reto en este mundo donde el cambio es la vida y la vida es cambio. El desarrollo horizontal, es decir, el aprendizaje de nuevas habilidades, puede que fuera útil cuando los problemas estaban claramente definidos y existían técnicas conocidas para resolverlos, pero se queda muy corto para estos tiempos revueltos. El desarrollo vertical es el verdaderamente fundamental para avanzar en el proceso de desarrollo de nuestra identidad y en la progresión virtuosa de colectividad-individualidad-unidad que nuestro mundo requiere.

3. **Cambio y transición son fenómenos diferentes... aunque los confundamos**

La mayoría de nosotros no nos oponemos por definición al cambio, que vamos aprendiendo a aceptar como parte de la norma, sino a «ser cambiados». Estamos en contra del cambio impuesto porque nuestro cerebro está diseñado para que lo veamos como un abandono ineludible de lo que tenemos, en lugar de como una posibilidad de añadir. Según la neurociencia, vivir dentro de los límites de lo conocido nos da seguridad y el cambio siempre provoca un cierto vértigo.

Este simple hecho de la vida que es el cambio lo hemos vivido de forma extrema en los últimos meses, durante los cuales hemos tenido que someternos a medidas sin precedentes de restricción, entre otras de nuestras libertades fundamentales, y al menos la mitad de la población mundial ha vivido situaciones más o menos estrictas de confinamiento. Esto sin considerar siquiera que a juzgar por los expertos lo que hemos vivido no es más que el principio de una sucesión de cambios en todos los órdenes.

Son momentos sin duda fundamentales para entender la diferencia entre cambio y transición[16]. Mientras el cambio suele venir dado por un acontecimiento concreto y acotado en el tiempo, a menudo determinado por un factor exógeno y fuera de nuestro control como el que estamos viviendo, la transición es un proceso con fases que hay que entender y respetar:

- En la primera fase, que tiene que ver con el final de algo, solemos ir del *shock* a la negación, y de ahí al dolor y disgusto cuando la situación es de no retorno, porque en nuestras mentes y en nuestro sentir, cambio=pérdida.

- La segunda fase, de duelo, es donde comienza el regateo y es fundamental vivirla conscientemente, porque sin duelo no hay

---

16   Entre los mejores estudios sobre este tema en el seno de las organizaciones, os recomiendo el libro de William Bridges con Susan Bridges: *Managing Transitions: Making the Most of Change*. Revised 4th Edition. 2017. Nicholas Brealey Publishing.

transformación y, por tanto, aumentan las posibilidades de que los dioses nos vuelvan a mandar la misma lección. Aparentemente, la mayoría de nosotros necesitamos estar «en el hoyo» antes de poder empezar a experimentar con lo nuevo… Agotador, lo sé, pero si miro hacia atrás en mi vida y en la de muchos de los que he tenido cerca, es bastante cierto. Se trata de empezar a colocar el «acontecimiento» en la nueva vida que tenemos que vivir para poder abordarla con cierta naturalidad.

- La tercera y última fase, de integración en nuestra nueva realidad, comienza necesariamente con una decisión por nuestra parte de seguir adelante con lo nuevo, algo indispensable para poner fin a las «realidades» anteriores y no quedarnos en el limbo.

Lo importante es entender que cuando somos capaces de aprovechar el cambio para conectarlo con nuestro sentido, es decir, con la parte más elevada de nuestro Yo, el consenso entre los sabios es que tenemos la opción de saltarnos lo peor del *shock* y elegir transformarnos, evitando así gran parte de las magulladuras emocionales. Y es que parece que los *shocks* son más graves cuanto más infieles somos a nuestro plan de ruta. Es una lástima que en mi experiencia esto de andar pegaditos a nuestro sentido ocurra en tan pocos casos y requiera tanta sabiduría natural. La mayoría de nosotros no solo nos metemos en el hoyo, sino que aprovechamos para chapotear.

4. **La noción de VUCA (Volatilidad, Incertidumbre, Complejidad y Ambigüedad) ha quedado claramente sobrepasada con lo que estamos viviendo**

El famoso acrónimo VUCA (Volatilidad, Incertidumbre, Complejidad y Ambigüedad), acuñado a principios de los 90, que se ha venido utilizando como referencia en el plano de la gestión empresarial, se ha revelado insuficiente para abarcar el contexto actual. El acrónimo, utilizado por primera vez por el Ejército de los Estados

Unidos de América para definir el mundo posterior al colapso del bloque comunista, se refería a la sustitución de la «certidumbre» que proveía la bipolaridad por un escenario mucho menos predecible, plagado de conflictos y de peligros. El mundo presente, mucho más confuso, se explica de otro modo: rivalidad por la hegemonía mundial entre nuevos actores con objetivos diversos, conflictos regionales complejos, desigualdad en alza, terrorismo, inmigración descontrolada, populismo, movimientos extremistas, crisis financieras cíclicas... Todo esto sin tener claro aún lo que vendrá AC (después del coronavirus).

De hecho, algunos sabios modernos[17] ya le habían añadido dos Ds al famoso acrónimo, transformándolo en D-VUCAD, para incluir dos fenómenos clave para describir nuestro mundo. La primera corresponde a la Disrupción (ya sea en forma de tecnología, cambio social, fenómeno geopolítico, reconfiguración de la industria, destrucción de sectores completos, desafíos como el cambio climático, etc), que ya lleva tiempo siendo parte de nuestro vocabulario en un tiempo en que todo parece verse reducido a optar entre «disrumpirnos» o «ser disrumpidos». La otra d se refiere a la Diversidad, e incluye diversas acepciones del concepto como la de género, generacional, cultural, de etnia, raza, religión...

Estos elementos constituyen tan solo una parte de la complejidad del contexto en el que las organizaciones viven actualmente, y plantean grandes ventajas, pero también ciertos desafíos, componiendo el escenario moderno para la dirección y el liderazgo. Un escenario que requiere que perfeccionemos la habilidad para anticipar situaciones que modifican las condiciones de partida, entender sus consecuencias y las de sus posibles soluciones, analizar la interdependencia entre múltiples variables desde un punto de vista macro, y prepararnos para desafíos y realidades alternativas, para poder así predecir, descubrir, interpretar y aprovechar oportunidades. Para la mayoría de las organizaciones contemporáneas, sean empresas, instituciones, gobiernos u organizaciones suprana-

---

17   *«Leadership Is a Journey, Not a Destination».* Ian C. Woodward, INSEAD Professor of Management Practice and Director of the INSEAD Advanced Management Programme. November 2, 2017.

cionales, este escenario representa una alteración fundamental y duradera en un contexto –que la crisis del coronavirus contribuye a magnificar– que obliga a estar constantemente en modo de anticipación, intervención y evolución.

5. **El liderazgo es un viaje y requiere necesariamente que cambiemos**

Una idea ya comúnmente aceptada sobre el liderazgo es que se trata de un viaje, no de un destino. En realidad nunca llegamos al destino de ser los mejores líderes –o seres humanos– que podemos ser, aunque intentarlo debería ser la estrella polar de nuestro viaje.

Los auténticos líderes han comprendido el hecho fundamental de la existencia: no se pueden evitar las contradicciones inherentes a la vida y no existen soluciones perfectas, sino cambios de mirada y de actitud. Estoicismo en estado puro, podríamos decir. Cuando nos enfrentamos de verdad a las polaridades en nuestras vidas, se desvanecen sin remedio nuestros sueños arrogantes y condescendientes y nos damos cuenta «de qué va la cosa» de verdad, y eso nos vuelve al instante más humanos y auténticos.

Además, y esto es fundamental, el viaje nunca se hace realmente en solitario. Tomamos continuamente decisiones sobre nuestras organizaciones, sobre las personas que dependen de nosotros y sobre nosotros mismos, y somos al mismo tiempo parte de sistemas en constante cambio donde vivimos transformaciones cada vez más frecuentes. Estos cambios de ruta necesitan ser abordados de manera consciente e intencional, y no reutilizando trivialmente las mismas habilidades, capacidades y enfoques que nos han servido en el pasado, independientemente del contexto. Cuando nos «atascamos», normalmente no podemos progresar usando las mismas herramientas, y de hecho si no nos «sofisticamos» irremediablemente estaremos comenzando el proceso de «banalizarnos».

El progreso real requiere por tanto de un doble compromiso:

- El de dedicarnos a comprendernos mejor, en el sentido filosófico de «comprender», esto es, entender lo que significa para cada uno de nosotros existir como seres humanos en el mundo en el momento actual.

- El de cambiar nuestros hábitos de pensamiento incluyendo qué valoramos, cómo trabajamos, qué conexiones establecemos con las personas, cómo aprendemos, qué esperamos de la vida o cómo gestionamos la frustración.

Así que podríamos decir que en realidad hay mucho que celebrar en nuestra situación actual. En las dos últimas décadas, personas del mundo entero han respondido a la urgente necesidad de abordar su propia transformación. Las condiciones externas, tan retadoras, nos han llevado a descubrir y poner en marcha nuestros recursos internos… y ese proceso podría aumentar a partir de ahora de forma exponencial. El estar expuestos al fin de la vida como la conocíamos nos ha llevado a muchos a retomar el contacto con lo esencial, con las pocas cosas realmente importantes de la vida, con la sabiduría ancestral y con esa bondad primordial de la que nunca hemos estado en realidad separados.

6. **El secreto está por tanto en disfrutar del eterno baile entre cambiar y ser cambiados**

Muchos sabios de tradiciones diversas han hablado de la receta para lograr esa paz y esa felicidad «silenciosas», que no es otra que mantener una oscilación armoniosa entre cambiar y ser cambiados. El gran Dario Fó[18], que hizo de su vida y su arte un camino de activismo comprometido, en su etapa final llegó a afirmar que la sabiduría consiste en entender que nuestra verdadera misión es permitir que la vida nos transforme para mejor y en no ser tan simplistas –ni tan

---

18   Darío Fó: actor y escritor de teatro italiano ganador del Premio Nobel de Literatura en 1997. Junto a su compañera, Franca Rame, tuvo una participación intensa y desde distintas facetas como activista en la vida política de su tiempo.

egoístas– como para tratar de cambiar el mundo con el ánimo de dar respuesta a nuestros propios deseos y necesidades.

Otra fuente, posiblemente esté entre las más autorizadas sobre el tema, es el gran don Miguel de Cervantes. *El Quijote* es uno de los mejores tratados que conozco sobre transformación, porque en el fondo don Quijote y Sancho son la misma persona... Podríamos ser cualquiera de nosotros, y de hecho en los últimos capítulos a menudo ya no se sabe quién está hablando, porque realismo e idealismo, razón y corazón, sentido común y visión se acaban fundiendo.

Y en ese eterno baile que representa una vida bien vivida, como lo expresaba Italo Calvino[19], lo más importante es perseguir la levedad. Porque al final, como siempre me decía un directivo nigeriano con el que trabajé hace algún tiempo, esto de que la incertidumbre y el cambio son fenómenos nuevos es una visión estrictamente occidental, pusilánime y bastante cómica «para los muchos que, como yo, nacimos en una aldea y hoy puede que tengamos un doctorado en Economía, pero hasta hace pocos años ni siquiera teníamos zapatos». Así que, por pura justicia cósmica, parece que están próximos los tiempos en los que cambien las tornas hacia un nuevo equilibrio de fuerzas. Y ojalá también hacia una conciencia más elevada y hacia sociedades más justas, inclusivas y felices.

---

19   Si os interesa saber más sobre Italo Calvino, sin duda un «grande», os recomiendo *Las ciudades invisibles*.

ALGUNOS INGREDIENTES
DE LA FÓRMULA

Cuando creíamos que teníamos todas las respuestas, de pronto cambiaron las preguntas.

Mario Benedetti

Espero que a estas alturas haya quedado mínimamente establecido que la complejidad tan disruptiva –y generadora– que nos traen los tiempos no nos deja otro camino inteligente que la transformación. A los grandes dilemas que ya no sabíamos cómo afrontar en un mundo «como lo conocíamos» se han unido las incógnitas que implican la crisis del coronavirus y todas sus múltiples derivadas. Ha llegado el momento de construir –o reconstruir– una red de liderazgo colectivo, porque la única forma de afrontar el futuro que tiene algún viso de ser efectiva es colaborar desde múltiples espacios de maneras nuevas, comprometidas, poderosas y creativas.

En este contexto, lo más importante que tenemos a nuestra disposición para cambiarlo todo es precisamente cambiar nosotros mismos. Explorar en carne propia la tecnología básica de la transformación para poder ejercer esos estilos de liderazgo que necesita el futuro y ser parte activa de la solución. Los tiempos representan el momento perfecto en términos *kairós*[20], para hacer ese trabajo de «actualización

---

20   Kairós, el «tiempo de Dios». Ya hablamos de ello en el Prólogo.

de versiones» que empieza en el ser antes de reflejarse en el hacer, y que nos dará la autoridad moral y las herramientas para colaborar en la construcción de lo que vendrá. Y de hacerlo como camino de autoexpresión, desde nuestras fortalezas y desde el cuidado, el respeto y la generosidad hacia nosotros mismos para poder conquistar espacios de libertad y conciencia.

En las siguientes páginas revisaremos juntos algunos de los ingredientes de la fórmula para esa transformación, en cierta medida heroica, que hace posible un hermoso proceso de alquimia. Entenderemos que, aunque requerirá ciertas dosis de trabajo se verá recompensada con vidas llenas de matices, plenas y nunca inocuas. Percibiremos asimismo la importancia de aprender a descansar en un proceso en el que, aunque a veces pueda parecer lo contrario, en realidad no hay paradas, aunque a veces haya desvíos. Y descubriremos la importancia de abordarlo firmemente asidos a nuestras causas, que nos darán la certeza cuando lo demás falle, y de cultivar al mismo tiempo un cierto hedonismo para hacernos el camino más placentero. Experimentaremos también que algunos ingredientes de la fórmula de la transformación se refieren al proceso de actualización propio, mientras que otros tienen que ver con dar los pasos necesarios para que versiones actualizadas de nosotros mismos puedan expresarse de forma completa.

La reflexión está organizada en torno a ocho dimensiones o estrategias -podría haber tomar prestado el concepto de «hábitos» utilizado en su momento por Stephen Covey[21]-, que trascienden los conceptos de «competencias» o «habilidades». Ocho estrategias que van más allá del hacer para centrarse en el ser, y que trascienden a la cultura, nacionalidad, generación y cosmovisión, y están presentes -en dosis diversas y nunca todas a la vez- en los mejores y más plenos líderes -y seres humanos- que he conocido. No se trata de «dones», con los que uno tiene o no la suerte de nacer, sino de estrategias identificables y cultivables desde la conciencia, la reflexión y la determinación. Estrategias construidas sobre una base de principios que podrían ser universales, aun-

---

21   Covey, Stephen R. (2011). «*7 hábitos de la gente altamente efectiva*». Paidós Ibérica. Sin duda uno de los mejores de libros de Management que se ha escrito, que resiste con fuerza el paso del tiempo.

que pensados y adaptados al contexto actual y al nivel de evolución de nuestras organizaciones, de nuestras sociedades… y al nuestro propio.

La idea es combinar sabiamente estas estrategias para emprender un viaje hacia nosotros mismos, logrando en el camino conquistas tanto individuales -en mi experiencia las más exquisitas- como colectivas, que nos permitan dejar una estela cada vez más profunda y auténtica. Las primeras cuatro tienen que ver con emprender la revolución propia, con cruzar el umbral hacia nuestra siguiente versión y aprender a vivir en un proceso de actualización continuo. Las cuatro siguientes abordan las condiciones que es necesario crear para que esos seres «actualizados» puedan expresarse de forma más completa, expandida e intencional. Juntos las descubriremos y comprenderemos, y profundizaremos en cómo sacarles partido si ya son parte de nuestra naturaleza, o en cultivarlas si consideramos que merece la pena incorporarlas a nuestro registro. También que, como pronto vosotros mismos descubriréis, hay distintas puertas de entrada al círculo virtuoso que conforman y cada uno podréis decidir cuál es la vuestra.

Las dos primeras estrategias constituyen lo que para mí equivaldría a empezar por el principio. De hecho, me atrevería a afirmar que la primera -**cultiva tu presencia**- es condición *sine qua non* para abordar el proceso. Nada más importante en estos tiempos de derrumbes y oportunidades que actuar desde la presencia más luminosa a la que en cada momento podamos acceder. En un mundo tan complejo, que invita poderosamente a la ausencia, el mejor antídoto que conozco contra la sensación de enajenación es el cultivo deliberado del contacto con la «nave nodriza», con la parte de nosotros que contiene no solo las respuestas, sino sobre todo las preguntas verdaderamente relevantes. Solo así podremos elegir las respuestas haciendo uso de un cierto grado de libertad.

Ese «empezar por el principio» implica también identificar lo más pronto posible el hilo conductor de nuestra vida. Ese hilo conductor, causa, propósito -o sentido, si lo preferís- va mucho más allá de los objetivos y no tiene lado utilitarista, sino una fuerza mucho más parecida a la que confiere una misión. La única motivación verdaderamente poderosa para elegir estar despiertos en lugar de dejarnos llevar por la inercia o engrosar las abultadas filas del cinismo es justamente el amor a nuestras causas. Estar conectados a esa misión y dedicarle atención, tiempo y energía nos da la fuerza para navegar las tormentas, para seguir adelante a pesar de los obstáculos y para cultivar la paciencia estratégica cuando se hace necesaria. Este sentido de misión nos permite también comprender nuestro propio valor independientemente de la mirada de los demás y nos impulsa a acompañar a otros en el proceso para descubrir el suyo.

Los siguientes dos ingredientes tienen que ver con afinar el instrumento fundamental que tenemos para transformarnos y poder desde ahí transformar todo lo demás. Un proceso que comienza con **expandir nuestra mente** para poder desarrollar nuestros -escasos, aunque pensemos lo contrario- pensamientos propios y trascender nuestros casi todopoderosos programas, casi siempre inconscientes. De pensar -y no refreír- pensamientos surgidos de la presencia y de una mente poderosa, aguda, estratégica y flexible, que crezca con los desafíos y pueda comprender la globalidad, las partes y el todo, distinguir lo importante de lo accesorio y viajar en el tiempo. Una mente capaz de hacer simple lo complejo, de asociar conceptos aparentemente inconexos -a menudo provenientes de disciplinas dispares- y de movernos a obrar sin miedo y con generosidad. Una mente grande, centrada en la transformación y no en la gestión de lo trivial, y por ello incompatible con un ego excesivamente desarrollado.

Afinar el instrumento implica también aprender a **cuidarnos para poder ofrecer a otros nuestra mejor versión**… una tarea especialmente relevante para los que somos de propósitos amplios y agendas llenas, y fundamental para poder expresar nuestro potencial. Una tarea que empieza por trabajar en los hábitos más básicos: el famoso «Mens sana in corpore sano»[22], que en su sentido original se refiere a la necesidad de mantener un espíritu -y no solo la mente- equilibrado en un cuerpo también equilibrado. Entre esos hábitos básicos están el sueño, el ejercicio físico, la alimentación, la gestión del estrés o la toma de con-

---

22   Aparece en una cita latina que proviene de las *Sátiras* de Juvenal, del siglo II, la época del Imperio romano. Se refería a la necesidad de disponer de un espíritu —no solo la mente— y de un cuerpo equilibrados para poder orar.

ciencia de nuestros ciclos vitales y fisiológicos. A estos factores, que influyen de forma directa en nuestra química y en el equilibrio de nuestros neurotransmisores, les añadiremos además una serie de elementos que también tienen que ver con el cuidado, y que son fundamentales para mantener nuestros niveles de energía elevados, como son el cultivo de relaciones poderosas y de una mirada que nos permita sentirnos esponjados y esponjosos, y no precarizados. Descubriremos también que autocuidado y autocompasión son el alimento de la inspiración, y el sustrato que hace posibles los círculos virtuosos.

Una vez revisados los ingredientes propios de esas revoluciones privadas, pasaremos a descubrir los que tienen que ver con las revoluciones públicas, que nos permitirán expresar de forma más completa ese ser expandido en la relaciones, contextos y ecosistemas de los que formamos parte.

Comenzaremos por los dos que corresponden a actualizar versiones para poder liberar una reacción en cadena en nuestros entornos. El primero se refiere a lo que yo llamo «**vivir en la influencia**». El mundo necesita un liderazgo colectivo construido más allá de los límites de los liderazgos individuales que nos permita afrontar los retos de manera más consciente, abarcadora y estratégica. Un liderazgo que no pide permiso, ejercido por personas discernientes y necesariamente liberado de las cúpulas de las organizaciones y las sociedades, que ponga a trabajar nuestras fuentes de poder, por pequeñas que nos parezcan, para convertirlas en influencia y que no se constriña a la autoridad nominal o formal. La reflexión nos llevará a revisar juntos algunas distinciones clave en torno a los conceptos de poder e influencia, que tanto han evolucionado con los tiempos y las circunstancias, y que tan necesario es renovar para adaptarlos a estructuras líquidas, a los fenómenos sociales recientes y al creciente protagonismo de organizaciones y configuraciones poco «estructuradas». Descubriremos cómo transitar el camino del control a la influencia, un camino que requiere un cambio de herramientas y de paradigma muy difícil para muchos, y también la importancia de cultivar redes de relaciones más compactas o dispersas dependiendo de la extensión de mundo que nos apliquemos a cambiar.

La siguiente estrategia tiene que ver con algo fundamental para los tiempos que vienen: la necesidad de **practicar un liderazgo generoso**. El mundo necesita liderazgos ejercidos desde la valentía, la generosidad y el coraje. Liderazgos que inviertan en futuros mejores, en potencial, en oportunidades, en las personas y en sus fortalezas. Liderazgos de agenda grande, que aborden relaciones y proyectos con el objetivo de contribuir, y no midiendo continuamente qué pueden obtener en el proceso o llevando una rigurosa contabilidad destinada a asegurar que nunca dan más de lo que reciben. Solo esos liderazgos generosos transforman los futuros de equipos, organizaciones e instituciones, expanden territorios, desarrollan a otros, o imaginan mejores futuros en común en lugar de conformarse con futuros condicionados a las externalidades positivas de ciertas agendas individuales. Solo esos liderazgos pueden prescindir del reconocimiento ajeno (en sus múltiples formas y reencarnaciones) para actuar desde la conciencia y la libertad.

Terminaremos revisando las dos estrategias que tienen que ver con aplicarnos a transformar la realidad. La primera de ellas -«**actúa de forma impecable**»- se refiere a la necesidad, especialmente en los tiempos que corren, de hacer acopio de una voluntad y disciplina férreas para abordar las transformaciones con solidez y sin tomar atajos. Y de hacerlo desde una mezcla de *flow* (flujo, fluir) y *grit* (determinación), ambos factores críticos para lograr avanzar en defensa de nuestras causas. Los tiempos nos exigen mantenernos fieles a nuestra intención más pura, hacer lo máximo que podamos, cuidar los detalles y perseguir los mejores resultados de la forma más acertada -que no perfecta- a nuestro alcance, sin desconocer el componente de oportunidad, fundamental para el éxito, y sin caer en la inercia. Nos exigen también que emprendamos acciones que nos aseguren un mínimo consumo de energía para el máximo rendimiento, eliminando gestiones y patrones de comportamiento no esenciales o inconsistentes con quienes somos para poder enfrentarnos bien pertrechados a lo desconocido.

La última estrategia tiene que ver con **descubrir y recordar que en el fondo todo es un juego**. No tiene esto nada que ver con el cinismo que a veces adoptamos para poder seguir adelante con el corazón protegido. Se trata más bien de teñir la imagen que tenemos tanto de nosotros mismos como de los otros con grandes dosis de irreverencia, amabilidad, sentido del humor y compasión. De ponerle a nuestras vidas un poco de «mediterraneidad», conservando intactos al mismo tiempo un cierto candor y un compromiso firme con el mundo que nos rodea. De entender que en todos los sistemas y organizaciones existe un juego que se va volviendo más complicado a medida que vamos ascendiendo por la pirámide, un juego que tenemos que comprender y aprender a jugar, especialmente si pretendemos aportar algo a la agenda grande. Y de aceptar que, para poder transformarlo, debemos jugarlo limpiamente y sin perdernos en él en lugar de juzgarlo o desdeñarlo.

Como pronto descubriréis, cada una de estas dimensiones o estrategias incluye un contenido que podríamos denominar «teórico», en el que analizaremos y compartiremos referencias, modelos y aproximaciones tanto conceptuales como prácticas y que aparece tejido con historias de muchas de las personas a las que he tenido el privilegio de encontrarme en el camino. Cada capítulo incorpora además el perfil de una persona o grupo de personas que para mí representan esa dimensión, explicando su trayectoria, lo que simbolizan y qué pueden tener que aportarnos como referentes. Todas las dimensiones incluyen además herramientas concretas y una sección con preguntas que espero os sirvan para guiar vuestra reflexión y os permitan decidir acciones concretas a llevar a cabo en este momento de vuestras vidas, tanto en la esfera personal como en la profesional.

Mi experiencia me permite declarar que poner en marcha estas estrategias os hará la aventura de liderar –y de vivir– más placentera, plena y exitosa, así que me atrevo a animaros a intentarlo. Ojalá las historias que aparecen en estas páginas sean tan inspiradoras para vosotros como lo han sido para mí. Ojalá os sirvan también para construir un espacio donde vuestra propia sabiduría se pueda revelar. Y ojalá las compartáis con muchos «otros», porque los tiempos hacen más urgente que nunca crear y alimentar espacios de conversación y acción donde diseñar e impulsar lo que deseamos en lugar de quejarnos de lo que hay y de lo que vendrá. Este libro es al mismo tiempo mi estrategia para encontrarme con muchas otras personas «inoculadas» con quienes construir nuevos mañanas basados realmente en el futuro. Cuento con vosotros para promover esos espacios de encuentro. Nada puede merecernos más en este momento.

REVOLUCIONES PRIVADAS

EL PROCESO DE AUTOTRANSFORMACIÓN

1
CULTIVA TU PRESENCIA

1

CULTIVA TU PRESENCIA

Estar en calma es el mayor logro de nuestro ser.

Yogui Tea

Una de las conclusiones más importantes de mis años dando vueltas por el mundo es que la herramienta fundamental para el ejercicio del liderazgo –y de la vida– es una presencia poderosa. En estos tiempos de derrumbes y oportunidades es un requisito para cualquier ser humano que aspire a tener un cierto grado de libertad y una existencia no inocua.

Los mejores directivos y directivas que conozco son personas que cultivan esa presencia, y eso les permite canalizar su atención en formas poderosas, concentrándola en los propósitos, proyectos y personas que la merecen en cada momento. Mi experiencia, sin embargo, en contraste frontal con esta afirmación, es que nuestro mundo está cada vez más lleno de personas ausentes, en el sentido más amplio del término. Ese sentimiento de ausencia que todos experimentamos en algún momento, se ha visto agudizado por nuestra dependencia de la tecnología, por la cultura del *selfie* y del *like*, y por el afán de estar siempre disponibles. Esa presencia requiere que cultivemos de forma deliberada el silencio, la reflexión y el espacio interior.

De hecho, los estudios llevados a cabo por el equipo de Nitin Nohria –actual decano de la Escuela de Negocios de Harvard– sobre diferentes tipos de líderes y de liderazgos revelan que la única cualidad ampliamente compartida por los directivos más exitosos es la capacidad de reflexión. Será por eso por lo que algunos grandes líderes como Bill Gates, que es solo un ejemplo de una tendencia cada vez más común, se precian de hacer al menos un retiro al año. Sin embargo, en mi trabajo me encuentro con personas, equipos y organizaciones que actúan durante la mayor parte del tiempo sin apenas pararse a reflexionar. Y con reflexionar no me refiero a elaborar estrategias y planes más o menos eficientes, sino a escuchar y actuar desde la presencia, primero individual y después colectiva, en un encuentro profundo con el entorno, con los otros y con uno mismo.

Esta presencia es requisito indispensable para cultivar una visión estratégica y sistémica, rasgo fundamental de los grandes líderes, aunque desgraciadamente poco habitual en nuestros días. Únicamente sobre esa visión pueden apoyarse la creatividad y la innovación verdaderas, que parten de una mente y una conciencia expandidas y no se consiguen solo con técnicas más o menos depuradas. Una visión fundamental para enfrentarse a los dilemas que nos impone este «Nuevo Orden», que requieren una lógica diferente de aquella en la que se crearon y a los que no podemos enfrentarnos con soluciones procedentes del pasado.

Cuando trabajo con grupos me resulta enternecedora y dramática a la vez la dificultad que tienen muchos de sus miembros para elevarse, saliendo del territorio de la acción inmediata para poder conceptualizar o pensar a medio o largo plazo. En realidad, tengo que confesaros que encuentro paradójico que tantas personas hayan podido llegar adonde están pensando que gestionar sus quehaceres diarios con diligencia es sinónimo de liderazgo o contribución suficiente para un directivo. Eso sin mencionar lo que podríamos concluir de los que los han puesto ahí, que podría parecer que evitan a quienes piensan por sí mismos. En los tiempos que vivimos, el ejercicio del liderazgo no puede consistir meramente en ordenar el día a día, sino que hace necesario que nos adentremos en territorio ignoto y aprendamos a cultivar los vacíos como territorio fértil en lugar de esforzarnos por llenarlos y concentrarnos mayoritariamente en el hacer, y especialmente si es irracional.

Presencia y «gravitas»

La presencia a la que me refiero está necesariamente alimentada por la *gravitas* (entendida como dignidad y seriedad exentas de frivolidad), una de las antiguas virtudes que la sociedad romana más apreciaba. La *gravitas* tiene poco que ver con la gravedad o auto-importancia –tan frecuente en ciertos foros y por ello tan monótona–, a pesar de su etimología común, ya que ambas derivan de la palabra latina que indica peso. La *gravitas* a la que me refiero tiene un sentido ético, de seriedad y dignidad, y connota una cierta sustancia o profundidad en la personalidad. Para ser un gran líder hay que cultivar ese peso, hay que reflexionar, interpelarse, cuestionarse y cuestionar. La gestión del día a día, por muy complicada que nos resulte y por mucha energía que nos requiera, no puede ser suficiente.

El cultivo de presencia y *gravitas* en el mundo de hoy, donde las únicas constantes son la incertidumbre y el cambio, no solo no son un lujo elitista, sino que son estrategias esenciales para el éxito de los proyectos y las organizaciones, y un rasgo distintivo de los liderazgos capaces de transformar sus entornos. Por tanto, si queremos merecer y ejercer por derecho propio papeles de liderazgo tenemos que fabricar el tiempo para cultivar presencia y *gravitas*. Ambas requieren de mucha disciplina personal, más y más a medida que aumenta el grado de complejidad de los desafíos. Son también el sustrato donde surge la magia y florece la verdadera contribución de los grandes, porque más allá de eso, como solía decir un CEO con el que trabajé, «lo demás es carpintería», por mucho trabajo diligente que esa carpintería requiera.

Esta presencia tiene asimismo una connotación muy literal: se trata de hacerla aparente, cuidando nuestro «continente» y la impresión que provocamos en el otro –que ojalá sea de calma y solidez, en lugar de aparecer desbordados o a punto de desbordarnos buena parte del tiempo–, si queremos transmitir la sensación de estar atentos, en un solo sitio a la vez y «completos». Confieso que este es un tema en el que me ha tocado trabajar a menudo con mis directivas, que a menudo no se ponen a sí mismas por delante en su lista de prioridades y con algunos, aunque menos, de mis directivos.

Esta presencia se transparenta en nuestro rostro, en nuestra postura y en nuestro cuerpo, pero también en nuestro discurso, en su temática, en nuestro tono, en nuestras «formas» y en nuestra capacidad para no pretendernos multitarea[23], concentrar nuestra atención en ser, vivir cómodamente en los silencios para poder crear y compartir espacios de creatividad. Suele ir unida además a la capacidad para ir más allá de lo obvio y para escuchar profundamente, una habilidad tan fundamental en especial en los momentos más difíciles.

Sin embargo, este rasgo está, paradójicamente, bastante ausente en nuestras instancias de poder. Creo que coincidiréis conmigo en que una vez se llega arriba, la cosa debería dejar de ir de demostrar constantemente cuánto hemos trabajado y trabajamos para merecer estar ahí para tratar más bien de descubrir e impulsar dinámicas productivas, de entender cuál es el juego y quiénes los jugadores, y de comportarse como alguien que está en esa mesa por derecho propio. Eso permitiría que nuestros órganos de decisión y gobernanza lo fueran de verdad, que pudieran darse encuentros «entre adultos» más allá de las tan habituales posiciones defensivas y que fueran posibles el pensamiento y el diálogo incrementales, tan necesarios en esos momentos.

La gestión de las emociones

El cultivo de nuestra presencia es también clave para salir del mundo líquido de las emociones, que, aunque tan reales cuando las vivimos, a menudo tienen la cualidad de hacernos entrar en ebullición para enfriarse después. Existe un detallado cuerpo teórico desarrollado por expertos en la materia sobre las emociones y su espacio en los equipos

---

23   Sobre ser multitarea, la investigación demuestra que de momento nuestro cerebro no ha desarrollado esa capacidad. No lo somos. Tampoco las mujeres... Repito: tampoco las mujeres. Una buena referencia para saber más sobre el tema: Kahneman, Daniel (2013). *Thinking Fast and Slow*. McMillan.

y en las organizaciones[24], así que no me voy a detener en el tema. Sí puedo decir que el autoconocimiento, la conexión –ojalá sabia y madura– con las propias emociones y el gestionarlas con cierto arte son requisito previo para alcanzar y conservar la lucidez necesaria. De hecho, el consejo de los sabios es no intentar huir de las emociones fuertes, sino aprovechar la oportunidad que representan para ir hacia ellas, profundizar en nuestro entendimiento y fortalecernos.[25]

En torno a este tema, una de las conclusiones de mi trabajo con personas de diferentes culturas es precisamente que en la forma y el grado de expresión de las emociones sí existen diferencias sustanciales basadas, al menos en parte, en la cultura de la que procedemos y en las reglas que esa cultura plantea. Esas reglas, con respecto, sobre todo, a la aceptación y expresión de las emociones promovidas por culturas distintas son campo abonado para el desencuentro. Ampliar el registro que nos es natural de comprensión y expresión de las emociones es por tanto necesario para hacer posible una coexistencia más armoniosa con uno mismo y con los otros.

Aún recuerdo el empeño que ponía un general hindú, extremadamente formal y exquisitamente caballeroso, al descubrir por primera vez los rudimentos básicos del mundo de las emociones, en desarrollar su propio *kit* de supervivencia para principiantes. Su descubrimiento le llevó, entre otras cosas, a demostrar a los miembros de su equipo el valor que tenían para él, haciendo cosas tan radicales como por ejemplo organizar encuentros informales para contrarrestar la soledad y las duras condiciones en el país en guerra en el que trabajaban. Todavía me enternece su fascinación al descubrir la eficacia de estos encuentros como estrategia para resolver problemas antes de que escalaran. También su empeño en organizarlos superando su incomodidad para intimar e in-

---

24   Algunos autores de referencia para los que quieran empezar a desarrollar el vocabulario básico son Paul Ekman y Daniel Goleman, quien en el año 1995 con su libro *Inteligencia emocional* (Kairós), introdujo el tema de las emociones por derecho y para quedarse en el mundo de los negocios.

25   Rimpoché, Sogyal (2006). *El Libro tibetano de la vida y de la muerte*. Sogyal Rimpoché. Urano. Pp. 213–215.

cluso su falta de vocabulario para mantener conversaciones fuera de lo estrictamente profesional. Recuerdo igualmente el asombro de un experto asesor político sudanés, que justo en el otro lado del espectro entendió que lo abrupto y falto de empatía de su estilo de liderazgo era un elemento paralizador para sus subordinados, y que algunos incluso lo vivían como acoso.

Estado de gracia o «flow»

Una externalidad positiva de esa presencia es precisamente el poder dar un paso atrás, para traer a la conciencia lo que a menudo es inconsciente y desarrollar una capacidad de observación profunda de nosotros mismos que nada tiene que ver con la tan extendida corriente de auto-referenciamiento[26] que vivimos. Solo desarrollando la cualidad contraria, es decir, la propriocepción[27] de la que hablaba David Bohm, lograremos que el observador que está dentro de nosotros pueda dictarnos nuestro comportamiento para permitirnos una reacción consciente, proporcionada, efectiva y en el instante, en lugar de abandonarnos a la suerte de nuestros juicios, hábitos o emociones... y de nuestro pasado. Un observador como el de esos pocos seres cuya presencia constituye en sí misma una enseñanza, que han aprendido a vivir más allá de la constante oscilación entre confusión y claridad que es nuestra vida y que después de años de trabajo parecen vivir en una especie de estado de gracia.

---

26   Perdón por la palabra, que no existe, pero me he permitido inventar (trayéndola de una forma más o menos liberal del inglés) porque el fenómeno se ha vuelto tan común que me parece importante nombrarlo temporalmente hasta que la Real Academia de la Lengua lo contemple.

27   Propriocepción. Concepto derivado de la Física que David Bohm desarrolla en su libro *Sobre el Diálogo* (Kairós, 1997). Para Bohm, el pensamiento debe tornarse consciente de sus consecuencias, algo que a menudo no ocurre. Se trata de desarrollar esta cualidad con base en la noción neurofisiológica, que significa «percepción de uno mismo». El cuerpo, por ejemplo, es capaz de percibir su propio movimiento, ya que, cuando nos movemos nos damos cuenta de la relación entre nuestra intención y nuestra acción, y entre el impulso a moverse y el movimiento mismo. Imaginaos cuántos problemas nos ahorraríamos si fuéramos capaces de funcionar siempre desde ahí.

Desde este estado de gracia (*flow,* o fluir, para aquellos a quienes os resulte más cercano este concepto)[28], nuestra presencia y nuestras acciones tienen la capacidad de ser realmente transformadoras y podemos parar el tiempo y el espacio, y hacérselo sentir a los que tenemos cerca. Este estado de gracia lo hemos vivido todos individualmente en algún instante, aunque haya sido por un corto espacio de tiempo, y seguramente en algún momento y en algún lugar también de forma colectiva. Son esos momentos de cruce de umbral, que de alguna forma grande o pequeña nos transforman para siempre y nos permiten darle la vuelta a situaciones, proyectos, equipos, organizaciones… y a nuestras vidas. Esos momentos de presencia individual o colectiva, de *presencing*[29], nos cambian y lo cambian todo, y hacen que merezca la pena todo lo que viene después, incluyendo el trabajo duro, las frustraciones, la inseguridad, los fracasos y las decepciones.

Conectar con esa presencia a voluntad requiere mucho trabajo personal y una relación sana con nosotros mismos, con nuestras fortalezas y con nuestras limitaciones. No hacerlo, o descruzar el umbral una vez atravesado, por miedo, ignorancia o desidia, nos hace vivir en lo que, si somos sinceros con nosotros mismos, sentimos como fracaso personal, que gestionamos de cara al exterior mediante una dosis más o menos elevadas de cinismo e hipocresía. El castigo ineludible de esa traición es una vida más o menos inocua, en la que nunca podremos desarrollar del todo nuestro potencial. Por eso intento trabajar con jóvenes, especialmente con los que tienen la vocación de dedicarse al servicio público, para que puedan ahorrarse parte del tiempo malgastado persiguiendo vidas inocuas. La externalidad positiva es que la reflexión permanente a la que me fuerzan con su todavía «sabia inocencia» me mantiene conectada con mi propia presencia.

---

28   Csíkszentmihályi, Mihály (2011). *Fluir. (Flow). Una psicología de la felicidad.* DeBolsillo.

29   Concepto de *presencing* que combina las palabras presencia y sentir, y que se refiere a la habilidad de sentir y crear como individuos y como grupos, en el momento presente, el futuro con mayor potencial de entre los posibles. Betty Sue Flowers, C. Otto Scharmer, Joseph Jaworski, Peter M. Senge (2005). *Presence: Exploring Profound Change in People, Organizations and Society.* Hodder & Stoughton General Division.

Esta sensación de fluir, ese saber que todo es posible si así lo decidimos y que hay orden al otro lado del caos, es un punto de inflexión. Aprender a vivir desde ahí y apreciar las promesas de este estado, actuando desde esa sabia inocencia y volviendo a ella a nuestro antojo, es un arma poderosa. Ese fluir del que hablo no solo nos lleva a ser extremadamente conscientes, sino que nos impide permanecer en situaciones de adormecimiento (*laisser aller* o ausencia, en palabras de Otto Scharme[30]), o dedicarnos «a ver series» mientras la vida transcurre en paralelo. Este fluir es también el único lugar desde el cual son posibles las auténticas transformaciones.

Un momento de pura presencia, de puro fluir, que guardo entre mis mejores recuerdos, lo viví con el consejero delegado y con el director general de una gran multinacional española. El consejero delegado nos recibió a los dos en su lugar del Olimpo para la conversación de lo que en *coaching* llamamos «encargo», en la que estaba previsto que *coachee*, supervisor y *coach* estableciéramos los objetivos del acompañamiento. El consejero delegado, uno de los mejores ejemplos de *gravitas* que me he encontrado en el camino, nos recibió durante casi una hora desde su propio estado de gracia, mostrándonos con su ejemplo exactamente lo que le estaba pidiendo a su director general. Cerró la conversación enfatizando su confianza, poderosa y sincera, en que su colaborador no solo era capaz de hacer lo que le pedía, sino que, de hecho, y a su manera, ya lo estaba haciendo.

De la reunión salimos ambos habiendo cruzado el umbral, comprometidos y con claridad meridiana sobre lo que nos estaba pidiendo. También inspirados por haber vivido un instante de esos que crean lealtades inquebrantables y que definen las vidas de las personas, los equipos y las organizaciones. Y es que durante unos instantes, el director pudo sentir esa presencia y esa *gravitas* como suyas y se encontró sin saber muy bien cómo del otro lado del umbral.

---

30   Scharmer, C. Otto (2015). *Teoría U*. Eleftheria.

La necesidad de disciplina y la calma como estado natural de nuestra mente

Me gustaría terminar compartiendo un aprendizaje básico que viene de mi propia experiencia y de la de muchas de las personas a las que acompaño. Hay muchas posibles disciplinas para cultivar la presencia, pero las vidas poderosas requieren necesariamente que elijamos una y nos comprometamos con ella lo más pronto posible con paciencia, constancia, sabiduría, coraje y humildad. Igualmente crucial es respetar las disciplinas que elijan los demás.

Sin disciplina llega un momento en que olvidamos que la calma es el estado natural de nuestra mente, y que las decisiones verdaderamente estratégicas son muy pocas pero fundamentales. Sin esa disciplina llega un momento en que dejamos de ser capaces de centrar nuestra atención y nuestro radar en las oportunidades, y solo vemos problemas. Solo desde la calma son posibles la escucha generativa y el pensamiento creativo con mayúsculas…, y sin ella se esfuman tanto la posibilidad de ser grandes en lo que hacemos como la de acompañar a otros en su camino a la grandeza.

La tarea, por tanto, es vigilar nuestra experiencia interna, adoptando la posición de testigos, observando nuestros pensamientos y emociones sin juzgarlos, y mantenernos firmes en el objetivo de elegir cada vez más y mejor nuestras acciones para poder llevar a cabo aquellas que en cada momento estén disponibles para nuestra mejor versión. De confiar en la intuición, entendiendo que el verdadero origen de nuestras reacciones emocionales no está en el exterior sino en el interior. De cultivar esa presencia disciplinadamente sin sucumbir a la tiranía de la acción… y de comprender que cuando logremos que el lugar desde el que escuchamos, dialogamos y actuamos sea el mejor al que podamos acceder, todo lo demás se transformará.

PONERSE A DISPOSICIÓN DE LA VIDA: CONSTRUYENDO EL MURO DE LAS MARAVILLAS

Entre la pregunta y la respuesta ha de existir, en el medio, un vacío, una suspensión de la mente, una cierta suspensión del tiempo. Y esto por varias razones, pero sobre todo por la siguiente: que el corazón ha de estar presente, en el auténtico sentido de la palabra, en el acto de responder.

MARÍA ZAMBRANO

Una de las experiencias más hermosas que he tenido en mi vida sucedió en 2011, en el Centro Regional de las Operaciones de Paz de Naciones Unidas en Entebbe, Uganda. Esa primavera estuve trabajando durante una semana con un grupo de directivos de UNAMID (Operación Híbrida de la Unión Africana y las Naciones Unidas en Darfur), una organización creada en 2007 por el Consejo de Seguridad de Naciones Unidas con el mandato de proteger a la población civil, contribuir a la seguridad de las operaciones de asistencia humanitaria y vigilar y verificar la aplicación del Acuerdo de Paz en Darfur.

Los integrantes del grupo, formado por casi veinticinco personas (solo dos de ellas mujeres), la mayoría provenientes de las Fuerzas Armadas de sus países, llegaron a Darfur el lunes de madrugada para participar en un taller de desarrollo directivo al que sus compañeros, en lugares mucho menos inhóspitos de todo el mundo, estaban asistiendo y por el que alguien –desde algún despacho en Nueva York y seguramente con la mejor de las intenciones– había decidido que todos ellos debían pasar. Venían de gestionar un conflicto grave en el que había habido varias víctimas –algunas entre sus colegas o conocidos– y en cuya resolución habían estado involucrados muchos de ellos. Vivían en la Base de Naciones Unidas en Sudán del Sur, en condiciones bastante duras, en una especie de habitáculos-contenedores prefabricados que entonces se instalaban cuando se llevaba a cabo una misión de este tipo, en principio concebida como algo provisional pero que se había ido alargando en el tiempo y para la cual no se veía final.

Para algunos de ellos esta era su primera misión dentro del Departamento de Operaciones de Mantenimiento de la Paz de Naciones Unidas (DPKO por sus siglas en inglés), mientras que otros llevaban mucho tiempo dentro del sistema de Naciones Unidas yendo de misión en misión y tenían la piel y el corazón curtidos en muchas batallas. La persona responsable del taller, que iba a ser nuestra anfitriona, no pudo llegar hasta Entebbe por alguna razón que he olvidado y nos dejó en manos de alguien a quien recuerdo como un individuo con poco tiempo, muchas obligaciones y escasa paciencia, que nos acomodó dentro del recinto en condiciones realmente básicas, abandonándonos a nuestra suerte después de darnos algunas instrucciones de seguridad. De hecho, mi primera «misión» fue la de buscar, una vez hechas las presentaciones y dejando al grupo en manos de mi colega facilitador, los materiales que necesitábamos para el taller, que se habían enviado hacía meses desde Washington en varias cajas y que no logré encontrar hasta el final de la semana a pesar de mis incursiones regulares a las dependencias de administración.

Recuerdo vivamente lo blanca, europea y ridícula que me sentí con mi vestido de verano y mis sandalias entre aquellos hombres vestidos de camuflaje. Me vi tan ingenua y tan fuera de lugar que me puse enferma, creo que de contradicción. Mi cuerpo no podía retener casi nada de lo que comía y tenía la sensibilidad a flor de piel, y en mi cabeza revivía una y otra vez las imágenes, tremendamente crudas, de lo poco que había visto paseando alrededor del centro en el escaso tiempo que nos dejaron salir sin escolta el fin de semana antes de comenzar el taller.

En este entorno, trabajando enferma, sin materiales y con una sala llena de «miuras», nos pareció -mi colega era un antropólogo norteamericano por cuya compañía y experiencia aún sigo dando gracias- que nuestra única contribución posible era ponernos al servicio del grupo y rediseñar el programa y las actividades para hacerle justicia. El objetivo básico se convirtió en tratar de crear una experiencia de presencia y cuidado, un espacio para parar, reflexionar y recobrar fuerzas para poder así después seguir adelante desde un mejor lugar.

Fue una semana intensa en todos los sentidos, donde hubo muchos momentos de presencia individual y colectiva, algunos amables y otros muy duros, y poco tiempo para conversaciones o preguntas «de diseño». Mantener mi presencia y la apertura de espíritu, mente y corazón me requirió un gran esfuerzo, porque me sentía muy vulnerable, pero al mismo tiempo fue extrañamente sencillo porque era la única actitud posible con un grupo semejante.

El momento más poderoso de toda la semana fue el jueves por la tarde. Según lo previsto en la agenda, teníamos que dedicar un tiempo a hablar sobre los efectos del estrés en nuestras vidas y sobre diversas formas de gestionarlo y combatirlo. Estaba previsto también que compartiera un análisis teórico sobre el tema adaptado a grupos de personas en situaciones parecidas a las de quienes estaban en la sala y una serie de herramientas para aprender a detectarlo e impedir que se hiciera con lo mejor de nosotros. Y, sin embargo, de pronto, todo mi material, pulcramente preparado con la colaboración de diversos expertos y cuidadosamente revisado, me pareció tan irrelevante, tan inadecuado, tan anodino para la conversación que el grupo y el instante merecían… que tomé la decisión, o más bien permití que «la decisión me tomara», de hacer algo totalmente diferente.

Lo que hicimos fue un Wonder Wall (o «Muro de las Maravillas»), que primero visualicé en imágenes como versión reinterpretada –y desde luego opuesta en sus objetivos– del Muro de las Lamentaciones en Jerusalén, algo que nunca habíamos hecho y que concebimos sobre la marcha. Para construirlo solo necesitábamos una pared libre y unos cuantos paquetes de post-its, que conseguí de uno de aquellos señores vestidos de verde que se apiadó de mí. Lo que les pedimos fue que se prepararan para compartir las dos o tres tácticas, recursos o herramientas clave que utilizaban en su día a día para mantener su presencia, lidiar con su estrés y seguir disponibles y esperanzados a pesar de la dureza de la situación en la que vivían. Después entregué tres post-its a cada persona para poder compartirlos.

Y entonces comenzó uno de los desfiles más hermosos que he visto en mi vida. Uno por uno, aquellos señores (y las dos señoras) vestidos con trajes de camuflaje salieron a escena a hablar de sus miedos, su dolor y su soledad… pero también de las maravillas que cada uno tenía en su caja de herramientas para mantener su presencia en condiciones que invitaban imperiosamente a la ausencia, a anestesiarse para responder a la necesidad, tan humana, de huir del sufrimiento. Se habló de espiritualidad, meditación, contemplación, oración, canto… pero también de música, baile, deporte, libros, cine, juegos, buenos vinos, conversaciones poderosas, abrazos o charlas en remoto con sus familias, especialmente con sus mujeres y sus hijos, muchos de ellos aún pequeños. Lloramos, reímos, callamos, sentimos, sufrimos, gozamos…

En la sala había personas de muy diferentes etnias, razas, religiones, edades y disposiciones, de lo más ortodoxo a lo más heterodoxo, pero durante esas casi tres horas de silencio, solo roto por las intervenciones de cada uno de nosotros, fuimos un solo ser humano vibrando profundamente en esa presencia colectiva. A mí me cambiaron para siempre y me hicieron creer más aún en el potencial del ser humano y en nuestro poder de ponernos, sin barreras, sin miedo y sin expectativas, a disposición de la vida.

IMAGINA TU AUTOBIOGRAFÍA EN 5 ACTOS

(*Portia Nelson*)[31]

1) Bajo por la calle.

Hay un hoyo profundo en la acera.

Me caigo dentro,

Estoy perdido… me siento impotente.

No es culpa mía.

Tardo una eternidad en salir de él.

2) Bajo por la misma calle.

Hay un hoyo profundo en la acera.

Finjo no verlo.

Vuelvo a caer dentro.

No puedo creer que esté en el mismo lugar.

Pero no es culpa mía.

Todavía me lleva mucho tiempo salir de él.

---

31   Citado en Charles L. Whitfield. *Healing the Child Within, Health Communications*. Orlando (Florida), 1989. Aparece en *El Libro tibetano de la Vida y de la Muerte*, de Rimpoché, Sogyal (2006). Urano. Pp. 213-215.

3) Bajo por la misma calle.

Hay un hoyo profundo en la acera.

Veo que está allí.

Caigo en él de todos modos… es un hábito.

Tengo los ojos abiertos.

Sé dónde estoy.

Es culpa mía.

Salgo inmediatamente de él.

4) Bajo por la misma calle.

Hay un hoyo profundo en la acera.

Paso por el lado.

5) Bajo por otra calle.

CULTIVA TU PRESENCIA

La mejor forma de empezar el viaje que hemos emprendido juntos es que empieces a pensar en aquello que solo tú sabes que quieres mejorar o modificar para estar más presente en cada momento de tu vida. A continuación te propongo algunas preguntas que espero te permitan reflexionar acerca de cómo cultivar esa presencia.

1. ¿Qué dirías (sin mentirte) de tu atención? ¿Hasta qué punto eres capaz de estar completamente atento en una conversación o situación? ¿Con qué rapidez eres capaz de traerla de vuelta?

2. ¿Qué ejemplos tienes a tu alrededor de «gravitas»? ¿Cuál es el siguiente paso en el camino para desarrollar la tuya?

3. Cuando vives en el «fluir», ¿cuáles son las consecuencias?

4. ¿Cuál es la disciplina que has elegido para cultivar tu presencia?

5. ¿Qué pondrías en tus post-its para el Muro de las Maravillas?

6. ¿En qué hoyos tienes conciencia de andar metido? ¿Qué ganas con ello? ¿Qué podrías hacer para «bajar por otra calle»?

2
ELIGE Y DEFIENDE UNA CAUSA

2

ELIGE Y DEFIENDE UNA CAUSA

...Y luego dijo algo capaz de cambiarme la vida. «¿Sabes?
El antídoto contra el agotamiento no es necesariamente el descanso».

(HERMANO DAVID)

«¿Entonces qué es?», dije yo (el otro David)
«El antídoto contra el cansancio es hacer las cosas de todo corazón.
Estás tan agotado porque no puedes ser sincero con lo que estás
haciendo... porque tu verdadera conversación con la vida es a través de
la poesía».

DAVID WHYTE CONVERSANDO CON SU AMIGO,
EL HERMANO DAVID STEINDL-RAST

Descubrir y mantenernos firmemente conectados a nuestro propósito, a lo que nos da sentido, es otro ingrediente fundamental para poner en marcha el círculo virtuoso del liderazgo. Haber descubierto el propio propósito y poner empeño en acompañar a otros en el proceso de descubrir el suyo es un rasgo característico de los mejores líderes que he conocido. Vaya por delante que el propósito al que me refiero va mucho más allá de los objetivos y no tiene un lado utilitarista, sino una fuerza mucho más parecida a la que confiere el tener una misión. Estar conectados con él es la herramienta más poderosa que conozco para navegar a través de las tormentas y salir de nuestros particulares hoyos manteniendo la mirada fija en el horizonte.

Descubrir nuestro propósito nos permite alcanzar la libertad interna

Esta misión, y la opción de dedicar nuestra atención, nuestro tiempo y nuestra energía a cumplirla, es una elección estratégica. De hecho, si hacemos caso a Cicerón[32] es una de las tres únicas decisiones verdaderamente importantes de nuestra vida. Adoptarla nos concede el don de tener una vida no inocua y nos descubre las claves para entender el único juego que merece la pena y obtener el ímpetu necesario para jugar a pesar de los obstáculos. Este sentido de misión nos permite sentirnos útiles, valiosos y necesarios, las tres necesidades fundamentales con las que nacemos según algunos de los grandes especialistas en desarrollo infantil[33]. Y nos otorga algo absolutamente fundamental: no depender del reconocimiento de otras personas para responder a esas necesidades vitales. Esta conquista activa el desarrollo de la libertad interna, una cualidad tan preciada como poco común en estos tiempos… y, mucho más importante, reduce sustancialmente el tiempo perdido en la persecución de oropeles.

Descubrir nuestro propósito y ser fieles a él no solo es fundamental para liberar nuestro potencial, tanto a nivel individual como en nuestras organizaciones, sino que también es imprescindible para que surja nuestra propia voz y para exhibir el coraje necesario en los momentos definitorios cuando todo lo demás falla. En mi experiencia, como decía Stephen R. Covey[34], el propósito se encuentra en algún lugar de intersección entre los hilos fundamentales de los que se compone nuestra vida. En concreto, para él se halla en la intersección entre el talento (nuestros dones y fortalezas naturales), la pasión (lo que nos da energía y nos activa, motiva e inspira), la necesidad (incluyendo algo que el mundo necesite lo suficiente como para compensarnos por ello) y la conciencia (esa voz interior que aparece en momentos cruciales para

---

32   Marco Tulio Cicerón. *De fato (Del Hado)*. Edición 2006 de Julio Pimentel Álvarez. .

33   Para aquellos a quienes os interese el tema, un buen lugar para empezar a investigar puede ser el trabajo de José Antonio Marina.

34   Covey, Stephen R. (2013). *El octavo hábito: de la efectividad a la grandeza*. Ediciones Paidós.

asegurarnos que hacemos lo correcto y que no nos da tregua cuando nos desviamos). Su búsqueda requiere sin duda un profundo análisis interno y un importante grado de compromiso, pero vivir sin él nos impide alcanzar la plenitud, y abandonarlo durante el viaje en favor de cualquier bagatela nos conduce sin remisión a una mediocridad más o menos consciente.

Expresar el propósito es la mejor forma de vivir

A lo largo del camino he sido testigo de misiones muy grandes y también muy pequeñas, y he descubierto que a menudo la característica clave de una misión no es su magnitud, sino su autenticidad, su identificación con quienes de verdad somos. También he experimentado cómo los conflictos de propósito y el no ser fieles al nuestro provocan agujeros en nuestras capas de súper-héroes y a menudo nos llevan a rompernos.

En la cosmovisión japonesa se usa el término *ikigai* para referirse a nuestra razón de ser, a la fuente de valor en nuestra vida, lo que hace que vivir valga la pena. Así, el *ikigai* de cada uno de nosotros es personal y específico, y colorea nuestras existencias, valores y creencias. Refleja nuestro yo interior y lo expresa, creando al tiempo un estado mental en el que nos sentimos –aunque sea solo por momentos– en paz. Las acciones que nos permiten sentir *ikigai* nos aportan satisfacción individual y un sentido de propósito. El *ikigai* es también la fuente de nuestra salud entendida en sentido amplio, porque estar alineados con nuestro propósito de vida y buscar formas de ejercerlo en nuestra existencia diaria, y especialmente en el trabajo, nos genera salud.

En mi experiencia, el buen liderazgo es un camino de autoexpresión que tiene que ver con llevar una vida con significado y con colores, donde podamos expresar nuestros dones y a nosotros mismos. He visto y vivido el impacto que esta autoexpresión tiene en las personas y en los proyectos... y también lo que sucede cuando vendemos nuestras almas o cuando perdemos el hilo invisible que nos une con nuestras organizaciones y sus propósitos. Y lo he visto no solo con personas que trabajan en organizaciones del sector privado, donde podríamos argüir que a veces cuesta encontrar un propósito trascendente, sino también con individuos que trabajan para entidades de interés público, pero que en algún momento se olvidaron de que ocupaban posiciones de servicio y de que estaban «en el negocio de cambiar el mundo» para pensar un poco más de lo recomendable -por muy humano que sea- en su estatus, sus vacaciones y su futura pensión.

La única felicidad real viene del sentido

En general, a medida que vamos ascendiendo por la pirámide de Maslow concedemos cada vez más importancia a la búsqueda del sentido, y tarde o temprano todos nos preguntamos si hay algo más. Esto ocurre muy especialmente en momentos clave, como cuando estamos decidiendo nuestra vocación, cuando vivimos una crisis personal o profesional que sacude nuestros cimientos o cuando consideramos -y esto se aplica especialmente a los *high-achievers*[35]- que ha llegado el momento en el que ya no tenemos a nadie más a quien «deslumbrar» y entramos, con mayor o menor elegancia, en la etapa de iluminar. Entender cuándo ha llegado ese momento para cada persona es toda una ciencia, y ser testigo de estas transiciones definitivas un verdadero privilegio para los que dedicamos nuestras vidas a acompañar a otros, porque nos permite asistir a transformaciones extraordinarias con con-

---

35   Uso la expresión en inglés porque está llena de matices. Se trata de personas muy trabajadoras, comprometidas y que ponen mucho de su parte para conseguir logros, a veces importantes, en sus disciplinas y en sus «causas».

secuencias increíbles para los equipos, organizaciones e instituciones de las que estas personas son parte.

A veces estos periodos de búsqueda profunda son efímeros, y la vida conspira para que después de ellos se produzca una especie de amnesia que a menudo parece llevarse con ella no solo los aprendizajes de la experiencia, sino también la urgencia de la lección. En esos cortos periodos en que nos damos cuenta de que la única felicidad real y duradera viene del sentido, la lección es casi siempre silenciosa y tiene consecuencias profundas. De entre los grandes sabios, filósofos y psicólogos que han dedicado su trabajo y años de investigaciones a entender de dónde viene ese significado cabe destacar a Viktor Frankl, que fue quien acuñó el término «sentido», y a Martin Seligman[36], que nos muestra que el sentido viene de pertenecer y servir a algo que está más allá de nosotros y es una condición básica para desarrollar nuestra mejor versión.

La conexión con el sentido es sin duda la clave para tomar decisiones en tiempos de incertidumbre, porque en todas las decisiones verdaderamente importantes siempre hay un punto trágico, de riesgo. Esto es cierto sin duda para las decisiones individuales, pero también lo es para las que tienen que ver con los destinos de nuestras organizaciones e instituciones. Por otra parte, esa conexión nos acerca al sentido de trascendencia y nos proporciona, como menciona Emily Eshafani Smith en su trabajo[37], esos raros momentos en los que podemos situarnos por encima del ajetreo y el bullicio de la vida cotidiana, la conciencia del yo se desvanece y nos sentimos conectados con algo que va más allá de nosotros mismos y que nos hace perder la noción del tiempo y del espacio. En nuestras sociedades, donde abundan las personas ausentes y obsesionadas con los logros externos y el propio bienestar, a veces es difícil entender que buscar el sentido es el camino más satisfactorio -en

---

36   Frankl, Viktor. (2015). *El hombre en busca del sentido.* Herder Editorial y Seligman, Martin E.P. (2011). *La auténtica felicidad.* B de Bolsillo (Ediciones B).

37   Pertenencia, propósito, transcendencia son conceptos que maneja de una forma muy bella Emily E. Smith en su trabajo. Para aquellos a quienes os interese el tema, os recomiendo su libro *El arte de cultivar una vida con sentido*, editado por Urano en 2017. Para los que tengáis muy poco tiempo, empezar por su TED Talk puede ser una buena opción.

realidad el único- que conduce a la felicidad. Y, de hecho, para muchos, por muy poderosos y rutilantes que sean, este momento nunca termina de llegar, porque el narcisismo más o menos consciente y una ambición de mira estrecha no les permiten siquiera intuir el verdadero juego.

La crisis como oportunidad para crecer

Lo que sí me atrevo a deciros es que mi experiencia me demuestra que cuanto antes tengamos una crisis de calado -con dolor incluido para los que todavía estamos aprendiendo a transitarlas-, menos tiempo perdreemos sacándole brillo al ego. Eso nos permitirá dedicarnos cuanto antes a desarrollar destrezas fundamentales como la tolerancia a la frustración, la gestión de polaridades, la resiliencia, el manejo productivo de los fracasos, o lo que yo llamo «paciencia estratégica», la capacidad de elegir nuestras batallas con sentido de la oportunidad y de ponerlas en pausa cuando ni es el momento ni existen las condiciones para poder emprenderlas. Nos permite además aprender a aplicar con liberalidad grandes dosis de generosidad y compasión a todo lo que hacemos, ambos ingredientes necesarios para cambiar nuestros destinos y los de nuestras organizaciones.

Hace algunos meses hablaba justamente sobre crisis con uno de mis *coachees*, directivo de una organización internacional. Me sorprendió su serenidad, la perspectiva con la que hablaba de un trabajo delicado en situaciones complejas y en países en guerra. A mi pregunta sobre qué hacía para gestionar las situaciones de conflicto y de incertidumbre con las que lidiaba a diario me contestó: «Cuando me estreso, medito». Conociendo su origen libanés, le pregunté si le había tocado vivir la guerra, y, como imaginaba, la había vivido de lleno. No me sorprendió demasiado su respuesta cuando me contestó que la guerra le había ayudado muchísimo, aunque no pudiera confesarlo en todos los contextos. Según sus palabras, la guerra le enseñó las pocas cosas importantes que sabía… Confieso que mi gente favorita, la que descubro extraordinaria, la que me inspira y me hace desear compartir el camino, tiene en común el haber vivido sus crisis de manera consciente y haberlas sabido convertir en aprendizajes.

De una crisis bien vivida se sale reforzado, con las raíces más profundas y las alas más extendidas, con más recursos, más paciencia y más sabiduría, si uno es capaz de integrar lo vivido y de aceptar, como dice uno de mis maestros, que «todo está sujeto a cambios y todo tiene su momento». De entender también que esa crisis dará paso con suerte a un periodo de calma más o menos largo antes de que venga la siguiente, y que, si lo permitimos, nos traerá un nuevo nivel de respeto por la fragilidad humana propia y ajena. Y de hacernos comprender que, si integramos pronto lo aprendido, la próxima vez sufriremos un poco menos o por menos tiempo… hasta que los dioses tengan piedad de nosotros y dejen de mandarnos la misma lección.

Como consecuencia de este juego de los dioses, me encuentro con jóvenes que a los veinte años ya han madurado y han entendido lo esencial, y con directivos senior enormemente poderosos que, desgraciadamente, todavía no han entendido nada. Eso no quiere decir que no hayan tenido grandes logros en sus carreras, pero sí que la motivación clave y su punto de partida continúan siendo su propio beneficio y su prestigio personal, y como consecuencia sus logros y los de sus organizaciones son en cierta forma meras «externalidades positivas» de sus metas individuales. Cuánta energía y cuántas oportunidades perdidas he visto por esta razón. Son también estas personas las que, por muy arriba o muy lejos que hayan llegado, siguen sin entender que el objetivo principal de un gran líder es autodestruirse para poder dedicarse a otras causas, dejando bien resuelto en el trayecto el futuro de sus equipos y sus organizaciones. Son también las que suelen utilizar con sus equipos la táctica de «divide y vencerás», alimentando conflictos destructivos en sus organizaciones, y las que nunca encuentran a nadie realmente digno de «sucederlos», porque, como una vez me dijo solemnemente uno de estos especímenes, «¿Cómo vamos a encontrar a alguien que pueda sucederme a mí?».

Acompañar e inspirar forma parte de un liderazgo humanista

En resumen, conceptos clave como plenitud, trascendencia o legado están íntimamente ligados al sentido, e incluyen un componente clave por que el que se reconoce sin posibilidad de error a los grandes, y que es el haber incorporado a su sentido la tarea de acompañar a otros en el descubrimiento de sus propios dones, sus propias causas, su propio potencial. Encontrar nuestro norte y apoyar a otros en su proceso de encontrar el suyo es un prerrequisito indispensable para inspirar. Esto hace especialmente importante el trabajo de los que eligen como propósito de vida el acompañar a otros en etapas tempranas, como los maestros y profesores, que tienen un gran poder pero también una gran responsabilidad.

De hecho, cuando trabajo con personas que vienen del mundo de la educación, y también cuando dedico tiempo a analizar quiénes han sido los referentes de las personas con las que trabajo, me doy cuenta de la importancia que los maestros y los profesores tienen en nuestras vidas. Casi en todos los casos, cuando buscamos referentes siempre aparece alguno de ellos entre las personas que han sido, y a menudo siguen siendo, fundamentales en el camino que los ha llevado a ser las personas que hoy son. Cuando tratamos de entender quién fue responsable de que se instilaran en ellos algunos de los valores clave que les hacen ser «su mejor versión» (o al menos intentarlo), a menudo fue un maestro o un profesor el que aparece cuando tiramos de los hilos. Y es que nuestros referentes tienen esa mágica capacidad de hacernos sentir «vistos» y contribuir a que nos planteemos nuestras propias preguntas.

Cuando nuestras formas de crear sentido son acogidas, valoradas y reconocidas en el grupo, en los equipos, en nuestras organizaciones, nos sentimos incluidos e inspirados y podemos dar lo mejor de nosotros. Los grandes líderes asumen y entienden este poder, desarrollando así las claves para inspirar a otros a dar lo mejor de sí mismos y allanándoles el camino para encontrar, elegir y defender sus propias causas.

Los mejores directivos con los que he trabajado, tanto en el servicio público como en el sector privado, aseguran que los mayores grados de plenitud los han alcanzado a través de su contribución al otro, a los otros, a más «otros» a medida que han avanzado en sus carreras. Esta labor comienza necesariamente por algo en apariencia tan sencillo como ser buenos colegas y buenos jefes, apoyando a los que tenemos cerca para que puedan encontrar su propio camino. De hecho, en las mejores organizaciones que he conocido –como la Procter & Gamble de mis primeros años de trabajo, donde aprendí gran parte de lo que sé y soy–, los resultados organizativos cuentan tanto o más que los puros resultados de negocio, y se espera de los líderes que se conviertan en referentes de un liderazgo humanista para sus organizaciones. Los que lo entienden se involucran por convencimiento propio y de forma consistente y comprometida en el crecimiento y la mejora constante de sus equipos, de sus organizaciones, de sus sectores, industrias y comunidades.

Finalmente, los grandes líderes que he conocido han ido eligiendo causas, sin duda cada vez más abarcadoras y ambiciosas, y han aprendido a utilizar todo el peso de sus «tarjetas» y de los espacios y accesos que estas les conceden para hacerlas avanzar. Los mejores de entre ellos han entendido además las externalidades positivas que estas causas pueden tener si se eligen de forma estratégica, pensando en el futuro y en su complementariedad con los objetivos de la organización a medio y a largo plazo. En los mejores casos, eso les hace capaces de transformar las iniciativas de responsabilidad para con la sociedad de sus organizaciones en estrategias de negocio inteligentes, innovadoras, sostenibles y enormemente exitosas.

CAMBIAR EL MUNDO A TRAVÉS
DE LA EDUCACIÓN

Nunca dudes que un pequeño grupo de ciudadanos pensantes y comprometidos pueden cambiar el mundo. De hecho, son los únicos que lo han logrado.

Margaret Mead

Trabajan para lograr el derecho a la educación universal y gratuita; para incluir en los currículos tradicionales el arte, la creatividad, la ecología, los valores cívicos o el respeto por las raíces; para desencadenar procesos de liderazgo colectivo en los complejos sistemas de los que la escuela es solo una pequeña parte; para crear propuestas educativas integrales para poblaciones indígenas; para dignificar y formar maestros y profesores que interpelen y acompañen a sus alumnos y puedan ser su nexo con un mejor futuro; para ofrecer cobijo y esperanza en los muchos lugares del mundo en que son la única presencia institucional; para integrar desde el respeto a alumnos con necesidades y talentos especiales; para crear propuestas educativas heterodoxas que ofrezcan a niños y jóvenes una alternativa a la violencia rescatándolos de terribles destinos y aportándoles el diálogo como camino; para ayudar a poblaciones en riesgo a construir proyectos y narrativas que hagan posible la vida; para reformar los sistemas y las políticas educativas como palanca para desencadenar cambios estructurales; para fomentar el amor por la lectura y por las preguntas; para que la educación pueda crear y transformar historias y llevarnos a todos a nuestro máximo potencial.

Son los casi cincuenta líderes educativos con los que he trabajado, procedentes de nueve países de Latinoamérica y España. Educadores, investigadores, activistas y directivos educativos con experiencias increíblemente ricas que pasaron por el Programa de Líderes Transformadores de la Educación, que tuve el privilegio de dirigir junto a un equipo de optimistas inteligentes y con el apoyo indispensable de la Fundación SM. Este proyecto está sin duda entre mis «proyectos del alma» porque persigue claramente la causa que creo nos mueve a muchos de nosotros: crear futuros mejores para la mayoría, y no solo para unos pocos.

Es cierto que educar en tiempos de incertidumbre es difícil, y que no sabemos qué habilidades y competencias científicas, técnicas o incluso relacionales serán las adecuadas para encontrar nuestro lugar en el mundo que vendrá, pero lo que sí sabemos es que el sistema que está detrás de la educación, y de cual la escuela es solo una parte, es un mecanismo clave para hacer posible la transformación, tanto a nivel individual como social. La educación no solo es el más importante ascensor social, sino también la forma de política pública más efectiva en el proceso de nivelar oportunidades, puesto que a estas alturas ya hemos entendido que igualarlas es una mera utopía. Si hay una esfera clave para el futuro, donde el retorno de la inversión y el efecto multiplicador serán enormes, donde el empeño merezca todo esfuerzo y sacrificio, es sin duda la educación.

El objetivo de este programa y de otros parecidos esponsorizados por instituciones de referencia es precisamente crear espacios para acompañar en la reflexión y el debate a estos impulsores, diseñadores e implantadores de cambios sistémicos, y ampliar sus recursos para vivir sus propias transformaciones e incorporar nuevas miradas, aprendizajes y metodologías. Juntos trabajamos para reelaborar sus proyectos e iniciativas, completarlos y robustecerlos, y poder así trasladarlos con mayor éxito a sus realidades. El propósito: transformar, como muchos ya lo están haciendo, sus centros, organizaciones, comunidades, sociedades y países. El denominador común entre ellos es la vocación de crear entornos donde todos los seres humanos puedan expresar su potencial.

Una de las experiencias más poderosas en el trabajo con estos grupos, y en general con grupos que provienen del ámbito de la educación, es el análisis profundo del sistema educativo, del que ellos son solo una pieza. La principal conclusión: las muchas desconexiones que existen en el sistema y la sensación de que, a menos que algo sustancialmente diferente suceda, las cosas van a ir a peor casi inexorablemente. La educación padece del mismo desencanto y de la misma falta de certezas que nuestras sociedades. La razón clave de estos desencuentros es la ausencia de diálogo generativo real entre todos los actores clave. Cuando profundizamos en el análisis, descubrimos que todas las piezas que analizamos parecen querer ser el centro de atención, ocupando el lugar natural de los alumnos y alumnas, y luchan para que su voz se escuche más que las de los demás y sus necesidades sean satisfechas antes y mejor.

En el otro lado de la balanza, la fuente de esperanza radica precisamente en el sentido de misión profundamente presente en la sala cuando nos reunimos, en la firme conexión al propósito que lleva a estos líderes educativos a continuar dejando huella, a menudo contra viento y marea. También en su impulso para seguir trabajando primero en ellos mismos como instrumentos clave para transformar y multiplicar su impacto en los sistemas de los que son parte.

Cuando estoy con gente como ellos siento que, aunque colectivamente parecemos haber olvidado «el camino a casa», hay muchos puntos de luz en el sistema, personas dispuestas a hacer su parte para cambiar el mundo, empezando por ellos mismos. También que vivir desde el sentido, desde nuestras causas, eleva la calidad de la conversación colectiva y nos da fuerzas para continuar interviniendo en ella sin desfallecer, obligándonos al mismo tiempo a seguir buscando dentro de nosotros mismos para encontrar el mejor nosotros que podamos ofrecer. Y ejercer un liderazgo humanista, que acompañe, arrope, ayude y contribuya a mejorar la vida de las personas y, por extensión, de la colectividad.

NARRA TU CAMINO DE LIDERAZGO

La fuerza no proviene de la capacidad física, sino de una voluntad indomable.

MAHATMA GANDHI

Íntimamente ligada con el sentido y con nuestras causas está nuestra capacidad para contarnos bien nuestra historia a nosotros mismos y para saber descubrir y entender los hilos conductores de nuestra vida. En esta línea, un ejercicio enormemente poderoso que he hecho con personas de todo tipo de sectores, culturas y generaciones es precisamente pedirles que narren su camino de vida, reflexionando sobre los momentos más significativos en los que se han ido forjando como líderes y como seres humanos.

Este ejercicio no solo nos permite entender en profundidad nuestra historia -con sus picos y sus valles-, sino también cuáles son nuestras fortalezas y quiénes son nuestros referentes, las personas clave que hemos encontrado en el camino y a las que hemos concedido el poder de transformarnos de algún modo. Más allá de eso, el ejercicio nos da pistas definitivas sobre nuestras «causas» y tiene el poder de hacer transparentes algunos de los elementos que acompañan a situaciones, acontecimientos e interacciones. Expresar y analizar nuestra historia, nuestra narrativa, nos aporta claridad y nos ayuda a entender cómo nos hemos convertido en quienes somos y cuáles de los rasgos o tramas que aparecen tienen el potencial de haber llegado para quedarse.

Nos permite también darnos cuenta de que somos los autores de nuestras historias y los responsables de elegir la forma en que las contamos, de decidir si jugamos en ellas un papel protagonista o cautivo, de definir quiénes son los actores y actrices principales y quiénes los de reparto… e incluso de cambiar de historia o elegir un papel nuevo y que verdaderamente nos merezca en el momento en que así lo decidamos. Y de que somos tan poderosos que podemos relatar, editar e interpretar nuestra historia en múltiples formas, aún dentro de las limitaciones que los «hechos» representan.

Una de las experiencias más poderosas que he tenido en mi vida fue hacer de facilitadora de un encuentro entre responsables de violencia de género de diferentes países para la División de Pobreza del Banco Mundial en Antigua, Guatemala, hace algunos años. En la sala había personas muy especiales, con causas extremadamente fuertes e historias extraordinarias que contar. Eran principalmente mujeres (solo había dos hombres) de distintos organismos de sus diversos países, desde las Fuerzas de Seguridad del Estado a los Servicios de Salud o los Servicios Sociales, pasando por los ministerios responsables de la elaboración de políticas públicas y otros organismos destinados a ayudar a las víctimas a salir de su situación de indefensión.

Todavía siento un nudo en la garganta cuando recuerdo un ejercicio ideado para conectar a estas mujeres con el sentido profundo de su trabajo y hacerles sentir orgullosas de haber elegido apoyar una causa tan urgente socialmente en tantos países del mundo, incluido el mío. La dinámica, diseñada para fomentar conversaciones con diversas personas en parejas o pequeños grupos en torno al sentido y a lo que las había llevado a dedicarse a un tema tan complejo y delicado, fue enormemente reveladora. La devolución, que en principio yo imaginaba como un breve cierre colectivo de las conversaciones que habían tenido lugar, nos llevó más de dos horas inolvidables de silencio y puesta en común respetuosos y colectivos.

Durante esas dos horas esas mujeres contaron cómo sus propias vidas, circunstancias –algunas tremendamente crudas–, referentes e incluso sus experiencias personales las habían llevado a dedicar sus vidas a apoyar a las víctimas en la búsqueda de alternativas dignas que les permitieran salir para siempre de la violencia. La experiencia me sirvió para entender la importancia de encontrar las raíces profundas de nuestro sentido en los momentos clave de nuestras vidas, especialmente en sus etapas iniciales, y para mostrarme el poder que nos confiere el vivir desde el sentido. Me ayudó igualmente a comprender cuán importante es conocer las raíces de las causas que vivimos con tanta intensidad como las de las mujeres de la sala, para poder así vislumbrar sus luces y sus sombras. Solo esta comprensión profunda nos permite emprender estas causas desde la luz y el libre albedrío, sin permitir que el resentimiento, el dolor, el contagio de las causas de otros o incluso la inercia se interpongan en el camino, o habiendo entendido y decidido conscientemente que no solo lo vamos a permitir, sino que estamos dispuestos a asumir las consecuencias.

Analizar y editar nuestra propia historia y reinterpretarla para nosotros mismos es a menudo un paso previo para descubrir nuestro verdadero propósito. Esta labor es a veces ardua y dolorosa, y nos hace recordar vivencias y partes de nosotros que preferiríamos olvidar. Sin embargo, a estas alturas la mayoría ya hemos descubierto que la sombra es parte de la luz, y hemos entendido también que a menudo las lecciones más poderosas aparecen en momentos de fracaso personal o cuando estamos muy alejados de nuestra mejor versión. Igualmente cierto es que el dolor no tiene por qué ir unido al aprendizaje, y de hecho para algunos seres extraordinarios creo que es así. Sin embargo, para el resto de nosotros, los mortales, mi experiencia es que el dolor –que no el sufrimiento, que según los grandes maestros es opcional[38]– a menudo nos trae lucidez, nos catapulta a cambios de conciencia y nos deja el poso de sabiduría necesario que nos permite tener vidas plenas de sentido.

---

38   Como muestra, el maravilloso trabajo de Pema Chodron (2013), *Living Beautifully with Uncertainty and Change*. Shambhala Publications Inc.

ELIGE Y DEFIENDE UNA CAUSA

En las siguientes páginas te propongo un ejercicio y algunas preguntas que te permitirán entender mejor tu propio camino y algunos de los acontecimientos, vivencias y personas que están detrás de tus causas.

1. Dibuja tu camino de liderazgo con los 3-5 momentos vitales más importantes que representan sus picos y sus valles.

CAMINO DE LIDERAZGO

Juan Quintana Forns y Arnoldo Cisternas Chávez (2014).
Relaciones poderosas: Vivir y convivir. Ver y ser vistos. Editorial Paidós

2. ¿Cuáles dirías que han sido las fortalezas clave que has desarrollado en el camino?

3. ¿Cuáles son las «palabras clave» de tu historia? ¿Cuáles los hilos conductores? ¿Qué revelan estas palabras e hilos sobre tus causas?

4. ¿Quiénes son las personas que te han acompañado en el camino? ¿Cómo han influido en tus causas?

5. ¿Crees que puede haber habido un contagio de las causas de otros? ¿Qué mandatos -conscientes o inconscientes- puedes haber recibido que te hayan podido llevar a hacer algo distinto a lo que realmente desea tu corazón?

6. De todo lo que has hecho o estás haciendo, ¿qué te proporciona energía? De todo lo que has hecho o haces en tu vida, ¿qué es lo que «merece todo esfuerzo y casi todo el sacrificio»[39]?

7. ¿Qué sabes que deberías dejar de hacer para poder realmente dar vida a tus causas?

---

39 Esta frase, que me encanta, se la escuché al escritor mexicano Héctor Aguilar Camín.

3
EXPANDE TU MENTE

3

EXPANDE TU MENTE

La grandeza y la miopía son incompatibles. Para lograr algo verdaderamente importante es necesario levantar la vista y fijarla en el horizonte.

DANIEL PINK

omo descubrimos al hablar de nuestra primera estrategia, el cultivo cuidadoso de la presencia es condición necesaria para expandir nuestra mente y desarrollar nuestra creatividad. El proceso comienza cultivando la relación con nuestro centro y confiando en nuestra intuición, y se afianza depurando nuestra atención para poder desarrollar una percepción y una capacidad de observación purificadas y ampliadas. Como resultado de este proceso, nuestra mente comienza a expandirse y a poder abstraerse sin tanta dificultad de los juicios que acumulamos –esos que a veces confundimos con conocimiento– y que estrechan nuestros canales de atención, sofocando el pensamiento nuevo y creativo.

El emprender disciplinadamente y sin desfallecer el proceso de expansión de nuestra mente es condición indispensable para el desarrollo de una visión sistémica y estratégica, corolarios básicos de una mente poderosa, aguda, permeable y flexible, que crece con los desafíos y que puede comprender las partes y el todo, distinguir lo importante de lo accesorio y «viajar en el tiempo». La experiencia de trabajar junto a mentes expandidas es difícil de olvidar. Me refiero a esas personas que pueden verse dentro y fuera de los dilemas -ejerciendo a voluntad la propiocepción, de la que ya hemos hablado-, que logran pensar de manera integrada sin necesidad de formar previamente juicios basados en argumentos contrarios, y que consiguen disolver los dilemas y las polaridades albergándolos en esa superficie expandida de «grandeza interna» de la que hablaba Peter Koestenbaum[40].

Disciplina, humildad y curiosidad ilimitada: hacia un pensamiento propio

Sin disciplina férrea no hay mente poderosa. Por el contrario, lo normal es el deterioro de nuestra capacidad para pensar de forma expandida debido a la presión por obtener resultados a corto plazo, el estrés, la arrogancia, las desilusiones, la prisa, la falta de estímulos, la necesidad de reconocimiento externo, la superficialidad, la desidia, la ignorancia o el miedo… entre otros maleficios. Desarrollar y mantener una mente poderosa requiere de mucho trabajo personal y grandes dosis de humildad y de una virtud sin duda presente en los mejores que he conocido: una curiosidad ilimitada. Requiere también que estemos dispuestos a ser impopulares e ir contra corriente, porque a menudo nuestra mente se atrofia por culpa de procesos burocráticos y de poco valor añadido (reuniones, *emails*, documentos, conversaciones, viajes…), a los que dedicamos mucho tiempo y energía, y porque a menudo preferimos pertenecer y ser parte de la tribu en lugar de ser nosotros mismos.

En realidad, a la mayoría de nosotros nos cuesta cada vez más desarrollar y alimentar pensamientos propios. Recuerdo una entrevista a Peter Thiel, cofundador de Paypal y «Silicon Valley geek», donde comentaba

---

40   A Peter lo descubristeis cuando hablamos de cambio. Su concepción del proceso de desarrollo de un líder como un proceso de desarrollo de su grandeza interna me acompaña desde hace años. Koestenbaum, Peter (1999). *Liderazgo: la grandeza interna*. Prentice Hall.

que siempre que entrevista a alguien para trabajar en una de sus empresas le hace la misma pregunta: «Dime algo que sea cierto pero en lo que muy pocos estén de acuerdo contigo»[41]. Su objetivo es asegurarse de contratar a personas capaces de pensar distinto y de distinguir cuáles de sus ideas son propias y cuáles son en realidad de otros, porque para hacer frente a los tiempos y llevar adelante las iniciativas de profunda reinvención que nos exigen y exigirán, necesitamos personas capaces de desarrollar pensamientos propios. Esto requiere no solo de mucha presencia y trabajo de reflexión personal, sino el que estemos dispuestos a alimentar redes de relaciones verdaderamente diversas, donde sentirnos interpelados y donde descubrir nuevos patrones, ideas y posibles soluciones. También que nos mantengamos a una distancia prudencial de aquellas redes donde nuestro principal objetivo sea tener razón, sentirnos validados y cómodos entre «iguales» u obtener reconocimiento.

Una mente abierta en constante aprendizaje

El cultivo de pensamientos propios y redes diversas requiere atención, tiempo –nuestro recurso más precioso– y energía. Podemos empezar simplemente, como a veces hago con las personas con las que trabajo, por ampliar lo que leemos o los eventos a los que asistimos, añadiendo a lo que ya está en nuestras listas de «To Dos» fuentes diversas de conocimiento, interesándonos por disciplinas ajenas a la nuestra en libros o revistas de divulgación, yendo al cine, asistiendo a exposiciones, conferencias, talleres o mesas redondas. Otra forma de ampliar nuestras redes es empezar por lo más sencillo, como por ejemplo encontrar el tiempo y la energía para hablar con calma con nuestros hijos o con sus amigos, o para escuchar con interés a personas de otros ámbitos, sectores y disciplinas con las que nunca coincidimos, aunque estén a nuestro alcance o nos crucemos con ellos en diversos foros. También buscar aficiones que nos permitan relacionarnos con personas distin-

---

41 Entrevista a Peter Thiel, Cofundador de Paypal, Diario El País, 30 de agosto de 2015.

tas y, muy importante, vivir experiencias que nos permitan sentirnos de nuevo como principiantes.

Se trata de preservar siempre vivo el proceso de aprendizaje y expansión que mantiene nuestras mentes flexibles, permeables, lozanas... porque a todos los niveles, pero especialmente en la cúspide, mantener una mente expandida es una parte de nuestra contribución al futuro que no podemos delegar. Para ponérnoslo fácil, podríamos empezar practicando la «regla de las cinco horas»[42], dedicando al menos cinco horas a la semana de forma consistente a aprender algo nuevo usando los múltiples medios hoy a nuestro alcance. Ese entrenamiento y la plasticidad resultante nos ayudan a tejer nuevos pensamientos, integrando lo antiguo con lo nuevo.

Mentalidad fija y mentalidad de crecimiento: la fuerza del pensamiento sistémico

Un concepto fundamental, que tiene mucho que ver con esa capacidad de aprendizaje continuo y con nuestra reacción –y contribución– en estos tiempos de incertidumbre, es el concepto de mentalidad fija vs. mentalidad de crecimiento acuñado por Carol Dweck[43]. Según Dweck, en nuestra mente tenemos instalado un programa, una serie de creencias básicas que definen cómo concebimos y expresamos lo que consideramos nuestra personalidad. Para las personas con mentalidad fija, el carácter, la inteligencia y la capacidad creativa equivalen a variables de partida y el éxito se basa en su confirmación, por lo que debemos evitar el fracaso a toda costa. Por el contrario, los que tienen una mentalidad de crecimiento se nutren con los desafíos y ven el fracaso no como evidencia de una «no inteligencia» sino como un trampolín alentador

---

42   Si queréis aprender de los grandes, os recomiendo este artículo: «How to Use the '5 Hour Rule' to Radically Improve Your Intelligence and Success: A system of constant learning used by Benjamin Franklin, Oprah Winfrey and Bill Gates». Elle Kaplan. Thrive Global, 17 de diciembre del 2017.

43   Dweck. Carol. (2007). *Mindset: The New Psycologhy of Success*. Ballantine Books

para extender sus capacidades y para seguir aprendiendo. De estas dos mentalidades, que manifestamos desde una edad muy temprana, deriva una gran parte de nuestro comportamiento, de nuestra relación con el éxito y el fracaso en contextos tanto profesionales como personales y, en última instancia, de nuestra capacidad para ser felices. Son las personas con mentalidades de crecimiento -por desgracia menos numerosas de lo que podríamos pensar- las que cambian el mundo y las que lo hacen con los otros, porque no solo saben que es necesario compartir para seguir avanzando, sino que además están siempre listas para abordar la siguiente etapa de crecimiento.

He visto equipos de personas de todos los colores, tipos, tamaños y condiciones trabajar con esta mentalidad y hacer avanzar sus proyectos hasta cotas increíbles, tanto en pos de grandes causas como iniciativas humanitarias o proyectos de *big science* como de objetivos mucho más modestos, como la adaptación de una línea de producción para incorporar un nuevo tapón, una experiencia en una fábrica en la que trabajé que recuerdo con sumo cariño. También he visto de cerca las consecuencias que puede provocar el elegir el camino de las mentalidades fijas, que conduce sin remedio a la «banalización».

Necesitamos pensadores sistémicos

Los tiempos que vivimos requieren proporciones masivas de pensadores sistémicos, aunque en general lo que prolifera en nuestras organizaciones, en nuestras sociedades y en nuestros estamentos políticos es justo lo opuesto. El pensamiento sistémico busca promover lo que los expertos llaman metanoias[44], cambios de enfoque, buscando entender las interrelaciones entre las partes en lugar de intentar encontrar cadenas lineales de causa-efecto, y poniendo la atención en los procesos de cambio en lugar de tratar la realidad como si fuera una fotografía

---

44   De hecho, el significado literal del griego de la palabra denota una situación en que durante un trayecto ha tenido que dejarse el camino por el que se andaba y tomar otra dirección.

estática[45]. El pensamiento sistémico suele demostrar que las soluciones obvias a menudo no funcionan y que, sin embargo, a veces pequeños cambios focalizados en el lugar apropiado -el principio de la palanca- pueden producir mejoras significativas y duraderas.

Un paso prometedor en el camino hacia poder pensar así es aceptar y entender que todos partimos de lo que los expertos llaman «modelos mentales», supuestos hondamente arraigados, juicios, generalizaciones e imágenes de los que tenemos poca conciencia pero que constituyen nuestra manera de mirar, ver y estar en el mundo. Trabajar con ellos supone, como decía el gran Chris Argyris, profesor de la Escuela de Negocios de Harvard, «volver el espejo hacia adentro, aprendiendo a exhumar nuestras imágenes internas del mundo para llevarlas a la superficie y someterlas a un riguroso escrutinio»[46].

Mi experiencia me lleva a concluir que las grandes ideas fracasan no por la fragilidad de nuestras intenciones o de nuestra voluntad, ni siquiera por no haber logrado desarrollar una comprensión sistémica. A menudo fracasan por culpa de nuestros modelos mentales, porque los nuevos modelos chocan con juicios profundos (individuales, organizaciones, culturales, institucionales, nacionales…) que nos encadenan a modos familiares de pensar y actuar. Precisamente por esto, para evitar el fracaso es importante reconocer las barreras existentes y lo que Argyris[47] llama «rutinas defensivas», es decir, nuestros modos habituales de interactuar, que nos protegen de la amenaza o del miedo al fracaso, pero que también nos impiden aprender. Cuando se ven confrontados con la discrepancia o el conflicto, lo normal es que los miembros de los equipos en

---

45   Una gran referencia sobre la apasionante disciplina del pensamiento sistémico es *La Quinta Disciplina: el arte y la Práctica de las organizaciones que aprenden* (2012), de Peter Senge. Ediciones Granica.

46   A Chris Argyris, sin duda un grande, lo descubrí cuando empecé a interesarme en la disciplina del pensamiento sistémico, pero además tuve la oportunidad de conocerlo en un programa sobre Sistemas en la Universidad de Columbia.

47   El primer libro que escribió Argyris, *On organizational Learning*, fue revolucionario, y su segundo libro, escrito con Donald A. Schon, *Organizational Learning II: Theory, Method, and Practice* (Series on Organization Development), son en mi opinión referencia obligada para entender cómo funciona el aprendizaje de verdad, tanto en las personas como en las organizaciones.

general limen sus diferencias y adopten rutinas defensivas para defender sus silos. O, peor aún, que se enzarcen en batallas a menudo carentes de sentido y que carecen del potencial para llevarlos a ninguna parte. Para poder liberar la energía latente en los conflictos y convertirlos en territorios de creatividad, es importante desarrollar entornos donde confianza y discrepancia constructiva se conviertan en la forma habitual de gestionar equipos. Y estos entornos son escasos, aunque especialmente fundamentales en momentos como el actual, en el que «reina el cortisol».

Otro factor gravemente limitante de nuestra visión sistémica es la obsesión con estar siempre disponibles y el uso indiscriminado de la tecnología en nuestro trabajo y en nuestras vidas. De hecho, el proceso de estrechamiento de nuestra visión a causa de la tecnología avanza a pasos de gigante, debido entre otros factores a algo tan aparentemente trivial como el efecto nocivo sobre nuestra visión periférica, tanto desde el punto de vista físico como mental, de nuestros dispositivos electrónicos[48]. Si tenemos en cuenta que el 70 por ciento de nuestra actividad neuronal se consagra a interpretar la información visual, el cómo miramos y qué elegimos que entre en nuestro campo de visión afecta enormemente a nuestra visión del mundo y de nosotros mismos… y a la larga al conjunto de nuestra personalidad. Razón de más para entrenar a nuestro cerebro para aprender a mirar[49].

Hacer simple lo complejo

Otro rasgo extraordinario de las mentes poderosas es la capacidad para hacer simple lo complejo, justo lo contrario de lo que hacen las personas, que cada vez parecen más numerosas, que dedican sus días a complicar los de los demás. Solo las mentes poderosas son capaces

---

48   Si os interesa el tema, leed la contra de la Vanguardia de Lluis Amiguet del 11-2-2013 dedicada a Robert Sanet, doctor en Optometría, pionero de la optometría comportamental.

49   Me imagino que no debo ser la única a la que este tema le parece apasionante. Últimamente he aprendido mucho sobre el tema en conexión con el mundo de la educación. Os recomiendo a quienes estáis involucrados en la educación de niños y adolescentes que investiguéis, por ejemplo, el tema de las podas neuronales.

de descubrir lo esencial, de pensar de forma realmente disruptiva, de asociar conceptos aparentemente inconexos, a menudo procedentes de disciplinas dispares, y, muy importante, si son verdaderamente poderosas y no solo «intelectualmente caudalosas», de obrar desde la certeza de que el «pastel» siempre puede crecer, y de vivir por tanto, como algunos grandes científicos que he tenido el privilegio de encontrarme en el camino, desde una posición de abundancia y generosidad.

En este sentido, una de las mejores definiciones de talento que conozco está en el prólogo, escrito por Robert McKee, de un libro maravilloso de Steven Pressfield titulado *La guerra del arte*[50]. McKee habla del talento como fuente de la creatividad y lo describe como «el poder innato para descubrir la conexión hasta el momento oculta entre dos cosas -creo que nos podemos tomar la licencia de sustituir la palabra «cosas» por conceptos como imágenes, ideas, productos, palabras-, que al unirse se convierten en una tercera cosa completamente original y lista para ser entregada al mundo». En mi trayectoria profesional he tenido el privilegio de encontrarme con personas capaces de liderar desde ese espacio, con misiones tan sencillas como desarrollar nuevos productos -desde los departamentos de marketing de Procter & Gamble o Danone por ejemplo-, pero también con otras enormemente complejas y dirigidas verdaderamente a «cambiar el mundo», como las de algunos CEOs o ciertos científicos y directivos de Naciones Unidas con quienes he tenido la oportunidad de trabajar. Mi conclusión es que las organizaciones e instituciones que ejercen su liderazgo y abren nuevos caminos en sus disciplinas, sectores, economías, países… han entendido que necesitan personas dedicadas a producir esa magia, y que su ventaja comparativa está justamente en esa capacidad para crear y desarrollar esas «terceras cosas» de forma sostenida y como estrategia de posicionamiento en el mundo (y por supuesto en los mercados). Cuando el día a día, la presión por los resultados a corto plazo, la miopía de las organizaciones matrices, o la avaricia o el miedo a perder sus privilegios de aquellos cuya responsabilidad es preservar estos espacios mágicos ganan la batalla, las organizaciones y las personas empiezan a perder su liderazgo.

---

50   Pressfield, Steven (2012). *The War of Art. Break Through the Blocks and Win Your Inner Creative Battles*. Publicado por Steven Pressfield.

«Originals»

Las mentes poderosas se enfocan así en la transformación y no en la gestión de lo trivial, y si lo son de verdad adquieren un grado de profundidad incompatible con un ego demasiado desarrollado. Los que las cultivan muestran una apertura al cambio permanente y, aunque no dudan de sí mismos, sí dudan constantemente de sus ideas y propuestas, precisamente con el objetivo de hacerlas avanzar. En este sentido, un concepto con el que tropecé hace algunos años investigando sobre el tema es el concepto de «originals», desarrollado por Adam Grant[51]. Grant habla de la explosión tecnológica que estamos viviendo, que ha provocado que los cambios sean realmente disruptivos solo al principio, cuando se producen por primera vez. Explica también como, por causa, entre otros factores, de lo rápido que ponemos en marcha el método de innovar copiando, especialmente en una economía global que permite el despliegue acelerado, el cambio ha dejado de ser tan diferencial y disruptivo.

Como consecuencia, lo importante no es tanto concebir algo disruptivo, sino provocar el cambio, o en palabras del autor, «mover el mundo». Y el cambio se produce por la acción de lo que él llama los «originales», personajes como Steve Jobs, Amancio Ortega, Elon Musk o Travis Kalanick, por nombrar algunos, que han conseguido liderar el cambio en su entorno no tanto por su capacidad como expertos técnicos, sino precisamente por ser originales. Los «originales» son personas capaces de impulsar una idea o un sueño y llevarlo hasta el final, rompiendo el *status quo* y enfrentándose al pensamiento grupal, y eso requiere mentes poderosas como punto de partida, pero además exige sentir pasión por vivir un proyecto propio –y no el de los demás- y la capacidad de cuestionar el poder establecido, actuando de forma diferente a lo que se podría esperar. Requiere también de la habilidad para superar las opiniones contrarias y las objeciones del entorno, especialmente de los que puedan ver amenazadas sus zonas de confort. Y, esto es fundamental, la de ser suficientemente perseverantes, resilientes e inasequibles al

---

51   Grant,Adam (2016). *Originals. How Non-conformists Move the World*. Penguin Publishing Group.

desaliento para acabar arrastrando a los demás e impulsando el cambio a partir de una visión conceptual, de ideas, conocimiento o pensamiento diferente.

Sin embargo, en las organizaciones e instituciones no solemos buscar realmente pensadores originales, que provoquen la innovación, sino gente que encaje culturalmente. Para que la suma de las mentes individuales resulte en una mente colectiva realmente poderosa tendríamos que buscar personas diversas que puedan hacer una contribución diferencial, y crear además culturas donde se valore la discrepancia y donde cuente más la originalidad que el apego a la norma. Culturas que hagan progresar las ideas no familiares y donde enseñemos a las personas a concretarlas para que puedan convertirse en innovadoras, hacerse realidad y transformarse en ventajas comparativas. Y donde proteger a las personas capaces de pensar así, poniéndoles intérpretes si es necesario en lugar de asegurarnos de que se vuelven tan cumplidores como los demás o de ahogarlos en procesos burocráticos y en el día a día de la gestión.

Todavía recuerdo el caso de un jefe de división extremadamente brillante con el que trabajé en el Banco Interamericano de Desarrollo (IADB). Recién promocionado, a las pocas semanas acudió a mi despacho para contarme que había recibido quejas de sus subordinados (unas veinte personas, varios de ellos expertos técnicos como él) porque siempre trabajaba con la puerta cerrada. Me confesó que todas estas personas y sus necesidades le resultaban agotadoras, y que sus constantes interrupciones le impedían seguir adelante con sus compromisos de investigación, llevar a cabo su trabajo técnico y seguir estando en la frontera de su disciplina. Como consecuencia de aquella experiencia, y de algunas otras, en el banco nos dimos cuenta de la importancia de crear incentivos, iniciativas y herramientas para poder atraer y retener mentes poderosas. Entre otras medidas, diseñamos carreras técnicas y formas de contratación flexibles para permitir a nuestros expertos caminos alternativos y no convertirlos en gestores infelices, derrochando su potencial, desmotivando completamente a sus colaboradores y destruyendo al mismo tiempo el retorno de nuestra inversión.

En busca de ecosistemas creativos heterogéneos y multidisciplinares

Así, si tenemos en cuenta todo lo que hemos dicho hasta ahora, para disrumpir y no ser disrumpidos necesitamos crear y mantener culturas que promuevan la heterogeneidad en todas sus acepciones, donde haya elevados grados de confianza y tolerancia hacia la discrepancia y donde la norma sean los equipos multidisciplinares y la contradisciplinariedad[52]. Culturas que funcionen como ecosistemas creativos[53], porque cuando operamos habitualmente en un campo, nuestro cerebro produce conexiones entre conceptos que son afines a ese campo en particular, y corremos el riesgo de generar ideas que evolucionen en una única dirección. Sin embargo, cuando nos exponemos a la intersección de campos, podemos combinar conceptos desde múltiples perspectivas y generar ideas que exploren nuevas y desconocidas direcciones... entre otras razones porque, como diría uno de mis sabios cercanos, «ponerse de acuerdo con los que piensan igual que tú no tiene ningún mérito». Se trata de apoyar a emprendedores y «originales» y de perseguir en cambio a los *emprenyadores* –una palabra en catalán llena de sabor– de los que hablaba el gran Carles Capdevila[54], gente que dedica su vida a hacer que los demás no emprendan, no creen, no hagan, no muevan las cosas y no consigan brillar.

---

52   Concepto que le he escuchado a Begoña Román, filósofa a la que admiro profundamente y con quien colaboro en el programa «Leading in Complexity» de la Fundación CEDE. Se refiere a favorecer espacios donde hablar, escuchar, debatir, crear y polemizar entre personas que tengan perfiles sustancialmente diferentes.

53   A los que os interese el tema, os recomiendo *El efecto Medici*, de Frans Johansson, 2007, Harvard Business School Press, que describe este fenómeno inspirándose en la explosión creativa y cultural que sucedió en Italia durante el siglo XV gracias en parte al mecenazgo de los Medici, una influyente familia de banqueros que patrocinaron desinteresadamente a artistas, poetas, pensadores y científicos de la época, haciéndoles converger en la ciudad de Florencia durante el Renacimiento.

54   Carles Capdevila fue un periodista y guionista español que fundó y dirigió el diario Ara. Era un hombre de enorme lucidez, especialmente en sus últimos años de vida. Aquellos a quienes os interese este concepto podéis encontrarlo en su artículo: https://www.ara.cat/opinio/duel-emprenedors-emprenyadors_0_460753999.html

Las inteligencias múltiples

Un último concepto que querría compartir, porque me ha ayudado enormemente a trabajar con mentes expandidas y a expandir la mía, es el concepto de Inteligencias Múltiples, de Howard Gardner[55]. El doctor Gardner defiende que la inteligencia no es un conjunto unitario que agrupa diferentes capacidades específicas, sino una red de conjuntos autónomos e interrelacionados, y que existen, por tanto, tantos tipos de inteligencias como problemas a resolver. Para él, las inteligencias no son algo que se pueda ver o contar, sino potenciales que se activan o no en función de los valores de una cultura determinada, de las oportunidades disponibles en esa cultura y de las decisiones tomadas por cada persona y su familia, sus maestros y profesores y otras personas de su entorno. Gardner decidió en su momento centrar su investigación en las Inteligencias Múltiples, precisamente para resaltar el conjunto en gran parte desconocido de otras capacidades humanas o inteligencias tan fundamentales como las que tradicionalmente detecta el tan utilizado, aunque limitado, Coeficiente Intelectual (CI). Así, los seres humanos poseemos una gama de capacidades y potenciales que se pueden emplear de formas muy productivas, tanto juntas como por separado, y el conocimiento de estas múltiples inteligencias nos ofrece la posibilidad de desplegarlas con la máxima flexibilidad y eficacia en el desempeño de las distintas funciones definidas por una organización o por una sociedad.

Howard Gardner y su equipo de la Universidad de Harvard identificaron ocho tipos distintos de inteligencia: lingüístico-verbal, lógico-matemática, visual-espacial, musical, corporal-kinestésica, intrapersonal, interpersonal y naturalista, aunque actualmente están en proceso de configuración de una novena, la inteligencia existencial. Descubrir este concepto fue muy útil para mí, como creo que podría serlo para cualquier persona involucrada en el sector educativo o que pretenda colaborar en la formación de un ser humano desde cualquier capacidad.

---

55   Modelo de concepción de la mente propuesto en 1983 por Howard Gardner, profesor de la Universidad de Harvard. Para él, la inteligencia es un potencial biopsicológico de procesamiento de información que se puede activar en uno o más marcos culturales para resolver problemas o crear productos que tienen valor para dichos marcos.

Para completar este trabajo, en 2005 apareció el que para mí es su otro gran libro, *Las cinco mentes del futuro*[56], en el que plantea qué habilidades deberíamos tener en el futuro para poder desarrollar nuestro potencial, y apuesta por cultivar la mente disciplinada, la mente sintética y la mente creativa (estas tres pertenecientes a la esfera cognitiva), así como la mente respetuosa y la mente ética (ambas pertenecientes a la esfera relacional). Estas cinco mentes no solo utilizan las distintas inteligencias, sino que serán las más valoradas en el futuro, y por tanto «sería ideal que educadores, formadores y supervisores las apreciaran e incorporaran».

El reconocimiento de la belleza como camino para expandir la creatividad

Dejadme cerrar con un último, y en mi opinión extraordinario, mecanismo de expansión de la mente y la creatividad: la contemplación de la belleza. Cómo caminamos por la vida y cómo percibimos la realidad define nuestra experiencia. Algunas personas van por la vida con los ojos cerrados y con un campo de visión limitado, fijándose únicamente en lo que tienen delante, convertidos en seres literales, obsesionados con el hacer, incapaces de descubrir todo lo bello, nuevo, fresco e imprevisto que se presenta ante ellas. Otras personas, sin embargo, enriquecen su vida por medio de la contemplación cotidiana de la hermosura y están permanentemente abiertas a que la vida las sorprenda.

El aprecio de la belleza, la exquisitez, lo sublime, se puede aprender. Se puede aprender a apreciar la belleza de la naturaleza o del entorno, la simetría, la armonía o la esencia de una obra de arte, pero también a admirar la hermosura, las habilidades o los talentos de las personas o la bondad o el impacto de una causa, proyecto o iniciativa. Entrenar nuestras mentes para apreciar la belleza nos esponja y nos conecta con

---

56   Howard Gardner. (2009). *5 Minds for the Future.* Harvard Business Review Press.

nuestro centro y nuestra creatividad. Vivir sin darle espacio nos encoge y acaba volviéndonos mezquinos y cortos de miras, y nos sitúa en un camino que ni nos merece ni nos merecemos. Os invito por tanto a perseguir la belleza en toda su extensión y en todas sus formas… confiando en que la grandeza la seguirá.

MUJERES ESTADISTAS: UNA MIRADA SISTÉMICA EN LA GESTIÓN DE LO PÚBLICO

No es lo que no sabes lo que te mete en líos. Es lo que sabes con seguridad que no es así.

ANÓNIMO[57]

Entre las mujeres valientes que he conocido ocupa un lugar especial Ana Julia Suriel. La conocí en Medellín, Colombia, en el verano del 2016, durante la primera edición del Programa para Líderes Educativos de la Fundación SM. Recuerdo poderosamente lo que sentí cuando la escuché hablar por primera vez de su proyecto -qué importantes las primeras impresiones por mucho que sean parciales-, la sensación de estar ante una gran ejecutiva, de mente brillante, tremenda *auctoritas* y fuerte presencia. Una mujer con mirada de estadista, de agenda grande, cómoda en su papel y versada en el juego de influir desde el único propósito que siempre conserva la frescura: el servicio.

Como ocurre invariablemente con las personas de mente expandida, Ana Julia ha seguido floreciendo y su proyecto ha evolucionado con ella. Su última misión: colaborar en el diseño de un programa para formar a 4.000 futuros directivos destinados a regir otras tantas escuelas públicas en el plan de sucesión más importante que ha llevado a cabo la República Dominicana en el mundo educativo en lo que va de siglo. Este plan es clave de bóveda e inversión primordial en la revolución en

---

57   Frase con la que comienza la película «The Big Short». La frase ha sido atribuida a Mark Twain, pero no hay constancia de que fuera suya, ni de otros autores a los que también ha sido «adjudicada», así que la dejaremos como «anónima».

la que se ha embarcado un país que hoy está todavía a la cola en muchos de los índices relevantes que miden los resultados en el ámbito educativo. Una «revolución a través de la educación» que Dominicana ha elegido como estrategia fundamental para crear un futuro diferente para el país y para los dominicanos, en la que está invirtiendo más del 7% de los ingresos del Estado, y que se apoya en: 1) la implantación de un paquete de mejoras estructurales en las escuelas; 2) la ampliación del tiempo de docencia mediante el establecimiento de la jornada extendida y la inclusión de la alimentación en más de un millón de escuelas, con las consiguientes externalidades positivas, no solo en la educación, sino en el bienestar de los niños; y 3) la puesta en marcha de un ambicioso plan para emprender reformas fundamentales en el ámbito de la formación de los docentes de todo el país, hoy ya más de 80.000.

Es precisamente la formación de los docentes la causa a la que lleva años dedicada Ana Julia, y en la que ha trabajado y trabaja desde distintos frentes. Además de en el diseño de este programa para formar futuros directivos, en su momento colaboró en la redacción y actualmente está trabajando en la implementación de la nueva normativa para la formación de docentes en todas las escuelas del país, que incluye nuevos perfiles y pruebas de ingreso y nuevos planes de competencias.

Ana Julia descubrió en su momento algo que a otros parece costarles mucho: que para hacer cambios sistémicos primero hay que conocerlo todo y comprometerse con todo, y después ir haciendo planes acotados y cambiar las cosas una por una. Y entender, sobre todo cuando se trata de tener un impacto en la gestión de lo público y cambiar las instituciones de un país, que es importante contemplar que en la política se mezclan muchos elementos como las percepciones, la demagogia, la burocracia, y hasta los *fake news*, todos ellos elementos que es necesario no solo incluir en la visión de conjunto para no pecar de inocentes, sino combatir con hechos, disciplina y acompañamiento constante a los *stakeholders*[58] para hacer así posible la ecuación del cambio.

---

58   Un *stakeholder* es cualquier persona u organización que se relaciona con (y se ve afectada por) las actividades y decisiones de una organización: empleados, proveedores, clientes, etc.

En estas y otras reflexiones anda Ana Julia en su labor como vicerrectora ejecutiva de la institución de referencia en la formación de docentes en República Dominicana, con más de 6.000 estudiantes. Y en otras parecidas estaba cuando fue presidenta de la Unión Nacional de Escuelas Católicas, un rol que le permitió ejercer influencia en las 400 escuelas «conveniadas» con el Estado, y desde el que se dedicó a mejorar los resultados mediante una mezcla de buena gestión, buen ambiente y respeto no solo entre los docentes, sino también hacia los alumnos y las familias, con, de nuevo, una gran inversión en la formación de los docentes, porque como ella dice, «al final nadie puede dar lo que no tiene». Está trabajando además en su proyecto más reciente: el Gobierno dominicano le ha pedido que lidere y modele el desarrollo de los llamados Equipos de Gestión, compuestos por directores, coordinadores de área, equipos de acompañamiento y tutoría, familias, administración, y por supuesto los estudiantes… Todo el entramado de un sistema, la educación, enormemente complejo y fundamental para crear mejores futuros.

Lo que más me gusta de ella, además de esa mente expandida y siempre despierta, y de su mirada inquisitiva, es que no le tiene miedo a nada, porque lleva toda la vida preparándose para lo que está haciendo. Siempre ha pensado como una estadista, y por eso lleva 25 años formándose constantemente para intervenir y llevar a cabo sus responsabilidades como directiva desde la intersección entre la academia y la gestión, asegurándose de estar siempre en la frontera y de contribuir con sus equipos a elaborar recetas para el futuro.

Su rector la valora porque siempre puede contar con ella, con su disposición, con su ánimo… y su madre superiora anda siempre preguntándole si podrá también con el próximo nuevo proyecto con el que seguro acaba comprometiéndose. Ana Julia aborda su labor desde el rigor del análisis y la permanente rendición de cuentas, pero también desde la alegría, el compromiso personal y el convencimiento de que provocar cambios en una estructura tan compleja es retador, y que pasa por inspirar a las personas para que quieran cambiar. Además, es plenamente consciente de que su causa es sin duda, en estos momentos y en su país, trascendental.

Estoy agradecida por haberla encontrado en el camino y por poder observarla en su plenitud, estando donde quería estar, auto-realizada como persona, como mujer y como religiosa. Trascendiendo desde un liderazgo que trasciende y la trasciende, en un camino en el que dice que su estrella le va dictando cómo seguir en los momentos clave. A Ana Julia me la llevaría a montar una escuela de estadistas, de futuros líderes de agenda grande y mirada abarcadora, que abordaran el servicio desde la alegría y entendieran que el mundo se cambia inspirando y batallando en iguales proporciones, cultivando mentes, corazones y voluntades… y saliendo, sin miedo y sin reservas, de nosotros mismos.

DESCUBRE EL PODER SUBVERSIVO DEL PENSAMIENTO DIVERSO

Llevamos en nuestra alma todos los ingredientes necesarios para ser felices. Lo único que tenemos que hacer es mezclar esos ingredientes.

Hafiz de Shiraz, poeta persa del siglo XIV

A estas alturas creo que ha quedado establecido que el mundo ya no es complicado, y por lo tanto domesticable, sino que definitivamente se ha graduado para convertirse en complejo, y para bien o para mal, esa complejidad ha llegado para quedarse. Buscando fuentes para vivir más cómodamente en esa complejidad, hace unos años se me cruzó en el camino Elif Shafak, escritora turca nacida en Francia que pasó su adolescencia entre Europa y Jordania para volver después a su amada Turquía, donde terminó haciendo un doctorado en Filosofía. Shafak, criada por su madre, diplomática turca, y por una abuela tradicional y mágica a juzgar por lo que cuenta de ella, ha escrito catorce libros, de los que por ahora he leído media docena, y destacaría tres: *La bastarda de Estambul*, por el que fue acusada en Turquía «de insultar al pueblo turco» por las referencias al genocidio armenio y casi va a la cárcel; *El aprendiz de arquitecto*, inspirado en la obra de Sinan, seguramente el arquitecto más importante del Imperio otomano; y el que más me sorprendió, *Las cuarenta reglas del amor: una novela de Rumi*. Este último es una mezcla heterodoxa de una historia de amor moderna entre un ama de casa anglosajona y un moderno sufí que vive en Amsterdam, y una serie de apuntes sobre la vida del gran poeta y místico Rumi –probablemente el más fascinante pensador religioso de la historia turca– y la de su amado derviche Shams de Tabriz.

Elif Shafak es en sí misma un hermoso producto de la complejidad. En su concepción del mundo y en su narrativa alterna los paradigmas del Este y el Oeste, que, como ella misma dice, no tienen por qué ser como el agua y el aceite, sino que pueden vivir en una mezcla permanente. Es además una mujer bella, poderosa y extremadamente femenina, llena de colores y matices, que con una mente aguda y sutil, y formas exquisitas, aborda temas propios de Oriente desde un sistema de valores enraizado en un mundo tradicional, pero con un enfoque al mismo tiempo racionalista, y por tanto más propio de Occidente.

No podéis perderos una charla TED que dio en octubre del 2017[59] en la que desgrana con brillantez algunos aspectos clave del complejo escenario geopolítico mundial en el que vivimos. En su charla se lamenta de que la teoría política convencional preste tan poca atención a las emociones, y no solo porque somos seres emocionales, sino sobre todo porque hemos entrado en una fase de la historia mundial en la que los sentimientos colectivos, amplificados y polarizados a través de los medios y las redes sociales, no solo orientan -y desorientan- a la política más que nunca, sino que viajan alrededor del mundo con tremenda rapidez. El resultado es una época llena de ansiedad, de ira, de desconfianza, de rencor y de miedo.

Suya es la metáfora sobre la distinción entre países líquidos y sólidos, hoy superada, que tanto me ha servido en lo personal para repensar los equilibrios de fuerzas en el «Nuevo Orden». Elif Shafak la explica diciendo que durante mucho tiempo el mundo estaba dividido en dos campos imaginarios, y mientras algunas partes eran países líquidos, algo así como «aguas agitadas aún por asentar», otros (los de Occidente) eran «aguas sólidas, seguras y estables». Las tierras líquidas necesitaban activismo y derechos humanos, mientras que los ciudadanos de las tierras sólidas podían disfrutar del progreso de la historia y del triunfo del orden liberal, e incluso dedicarse a apoyar las luchas de otras personas en otros sitios, porque ellos ya habían superado esa fase.

---

59   *El poder revolucionario de la diversidad de pensamientos.* Charla TED. Octubre 2017. https://www.ted.com/talks/elif_shafak_the_revolutionary_power_of_diverse_thought?language=es

Esta distinción ya estaba en entredicho en la última década, pero creo que estaréis de acuerdo en que ha quedado completamente superada con la crisis del Covid-19. Hemos descubierto -o redescubierto- que la historia no siempre avanza, sino que a veces se mueve en círculos e incluso retrocede, y que, de hecho, todos, incluso los tradicionalmente sólidos, vivimos en tiempos líquidos, como lo demuestran la Gran Bretaña del Brexit, la Europa de las crisis migratorias y las oscilaciones fascistas y nacionalistas, o los Estados Unidos del movimiento «Black Lives Matter», por no hablar de las formas definitivamente «heterogéneas» en que los diferentes países han manejado y siguen manejando la crisis del coronavirus.

Los retos sin precedentes nos provocan rechazo, porque frente a los cambios vertiginosos y a lo diferente muchos querríamos volver al pasado y recuperar lo familiar… y precisamente por eso somos carne de cañón, porque ese anhelo de simplicidad nos convierte en presa fácil de aquellos -me vienen a la cabeza varios nombres y movimientos- que han entendido cómo beneficiarse de este sentimiento colectivo y que nos aseguran que solo estaremos más seguros si estamos rodeados de afines… Así, al mito de la «salvación individual», o como mucho de la «de unos pocos», progresa ante la radical conclusión de que la salvación de todos es imposible. Este sentimiento, que ella define como «tribalismo», «encoge nuestras mentes y entumece nuestros corazones hasta el punto de volvernos insensibles al sufrimiento de otras personas».

Y no siempre hemos sido así, porque nacemos preparados -como demuestran tantos experimentos con niños- para acoger la diversidad, la pluralidad y la complejidad, pero en algún lugar del camino vamos perdiendo esta disposición. Esto lo veo a menudo cuando trabajo con jóvenes universitarios de países, culturas e historias personales diversas que, a pesar de ser sensibles, orientados al servicio, abiertos, brillantes -están elegidos entre miles por esas razones-, pasan semanas juntos antes de poder siquiera mirar de verdad a quienes son diferentes -en realidad no tanto,- o de empezar a descubrir los mimbres sobre los que tejer una conversación verdaderamente cosmopolita, incremental y generadora. O con los directivos educativos con los que trabajo, como cuando la directora de un colegio del centro de Barcelona me contó la historia de la llegada a la escuela de los niños del barrio gitano adyacente que por algún capricho administrativo acabaron formando parte de su distrito. Aquellos niños pasaron en pocas semanas de ser los protagonistas del recreo por «lo graciosos, lo guapos y lo divertidos que eran» a caer en desgracia rápidamente en cuanto los padres de sus compañeros tuvieron tiempo para acusar su llegada y comenzaron a intervenir para «proteger» a sus hijos de los invasores.

Coincido con Elif Shafak en que tanto en Oriente como en Occidente estamos perdiendo diversidad, tanto en el interior de nuestras sociedades como dentro de nosotros mismos, y en que esa pérdida es muy grave. Y en que, como me demuestra mi experiencia, las identidades singulares son solo una ilusión, porque todos llevamos dentro una diversidad de voces e identidades, y una vida plena consiste precisamente en encontrar formas para expresarlas todas sin tener que elegir.

Me gustaría que algunos de los que están guiando nuestro destino se permitieran a sí mismos no solo escuchar todas las voces sino expresar las que están dentro de ellos mismos, y que eso los llevara a ejercer el tipo de liderazgo humanista y plural que necesitamos de ellos... Y dejar de sentir, como ahora siento, que a menudo se focalizan únicamente en sus propios -y estrechos- objetivos, y en la salvación de su tribu, cuando no en la suya propia. Desearía también que valorasen el privilegio que representa el ejercicio del liderazgo, especialmente en la esfera de lo público. Y finalmente, desearía que fueran lo suficientemente sabios como para comprender que su verdadera misión es permitir que el mundo los transforme para mejor en lugar de tratar de cambiarlo para satisfacer sus propios caprichos, deseos y necesidades[60].

Ojalá los desvíos del mundo sean solo temporales y ojalá las circunstancias que vivimos nos empujen a convertirnos en una mejor versión de nosotros mismos. Y ojalá, como dice Shafak, aprendamos «de los demagogos populistas lo indispensable que es la democracia, de los aislacionistas la necesidad imperiosa de la solidaridad global, y de los tribalistas la belleza del cosmopolitismo».

---

60   ...como ya dijo el gran Darío Fó.

EXPANDE TU MENTE

Es un buen momento para analizar cuán expandida está tu mente y cuáles son tus planes para seguir expandiéndola. Algunas preguntas que te pueden ayudar:

1. ¿Te consideras (sin arrogancia ni falsa modestia) una persona creativa? ¿Dirías que tienes una mente expandida?

2. ¿Qué disciplinas, acciones y aficiones practicas para asegurarte de cultivar pensamientos propios?

3. ¿Son tus redes lo suficientemente diversas, o tiendes más bien a estar con personas parecidas a ti y que piensan como tú? ¿Cuántos sabios hay entre tus referentes?

4. ¿Te consideras una persona de mentalidad fija o de mentalidad de crecimiento? ¿Qué consecuencias –queridas o no– tiene esto para ti?

5. ¿Cuál es el siguiente paso en la tarea de salir de ti mismo? ¿Y en el camino para desarrollar una agenda grande? ¿Estás dispuesto a darlos?

6. ¿En qué áreas de tu vida te consideras capaz de acoger sin reservas la diversidad, la pluralidad, la complejidad...? ¿Qué beneficios te ha traído esa actitud? ¿Dónde tienes que seguir creciendo?

4

CUÍDATE PARA CUIDAR

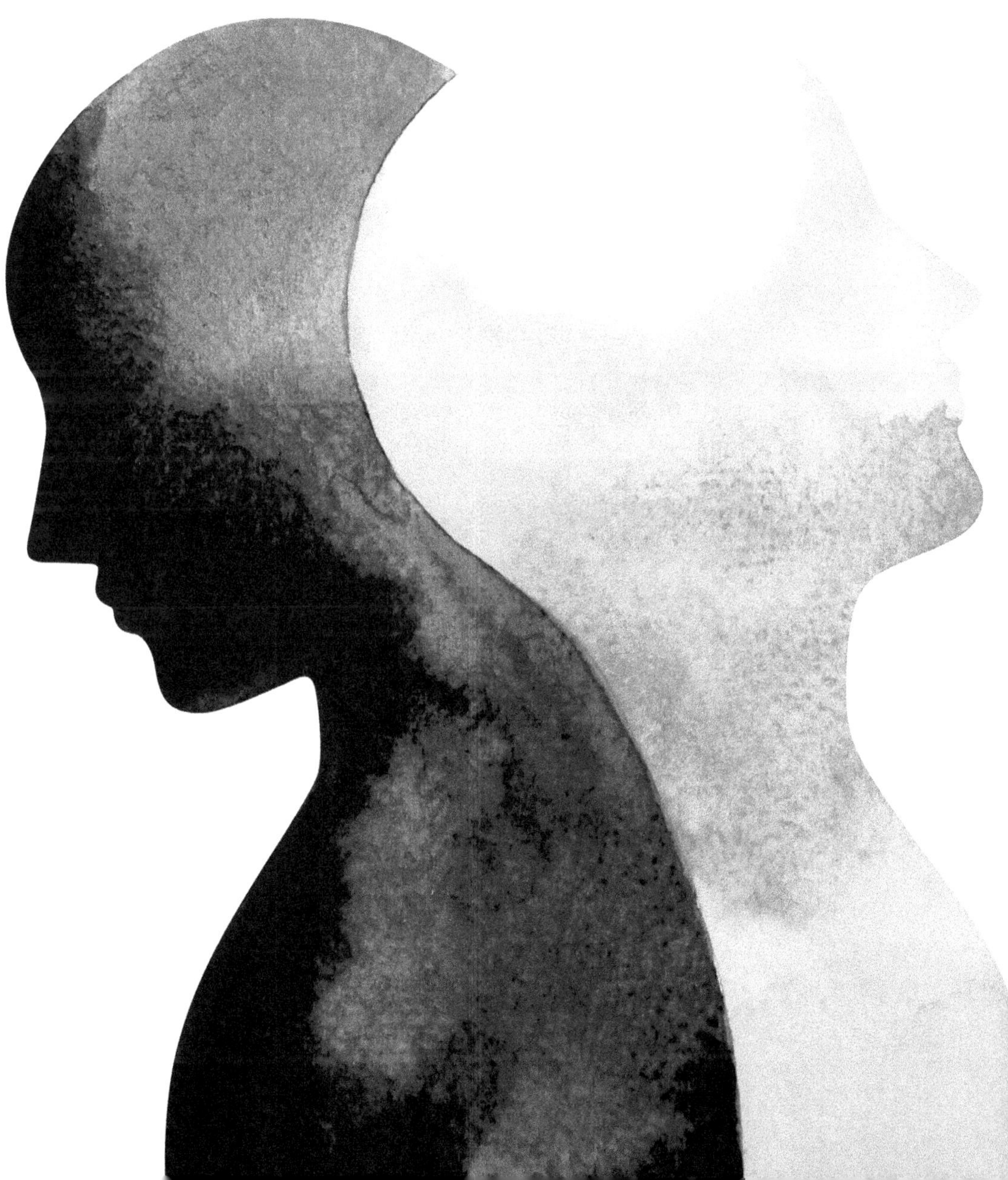

4

CUÍDATE PARA CUIDAR

*Todo lo que es amistoso hacia otro procede de la amistad
hacia uno mismo.*

Aristóteles, Libro IX de la *Ética*

Una de las lecciones más importantes que puedo trasladaros por haberla aprendido en carne propia es que para darse hay que pertenecerse. O que, como diría la sabiduría popular, «la caridad bien entendida empieza por uno mismo». Pertenecerse es especialmente importante para los que hemos elegido alguna expresión del servicio y del cuidado de otros como forma de vida y requisito indispensable para dar mejor, con mayor intensidad y desde el lugar correcto. Y es que únicamente se puede dar con mayúsculas desde la abundancia, así que, como dice uno de mis maestros, «es urgente ser feliz»[61]; porque ser ejemplo de autocuidado, bienestar y plenitud es la mejor forma de tener un impacto en otras personas, además de la mejor estrategia de marketing posible.

El altruismo bien entendido comienza por hacernos auto-responsables de nuestra vida y de nuestra salud física, mental y espiritual, incluyendo -muy importante- el grado de coherencia o conflicto que podemos gestionar en cada momento para dar lo mejor de nosotros mismos, así

---

61   Arnaiz, José María. (2015). *Es urgente ser feliz*. Editorial San Pablo.

como los recursos que nos hacen falta para hacerlo. Los tiempos piden que nuestro desarrollo como seres humanos discurra paralelo a nuestra intervención en el mundo, y el hacer ambos caminos conjuntamente es un verdadero arte, lo que nos empuja a explorar la línea divisoria entre narcisismo y autocuidado y nos confirma que los caminos del sacrificio y el martirio han quedado obsoletos.

A lo largo de mi vida ha recaído muchas veces sobre mí la responsabilidad de hablar de autocuidado, seguramente porque muchas de las personas con las que trabajo son *high achievers*, pero también porque un alto porcentaje de ellos ha elegido el servicio o el cuidado de los otros, de modo más o menos consciente, como forma de vida. Mi aprendizaje es que la reflexión sobre el autocuidado y las conclusiones y acciones que la siguen son un ancla fundamental para abordar cualquier transformación de forma sostenible.

Un buen lugar para empezar a indagar en el concepto es el cuidado del cuerpo. Hay una parte fundamental de ese autocuidado que tiene que ver con la pura bioquímica, con hacer trabajar nuestros neurotransmisores a su capacidad óptima, para asegurarnos de que producimos los niveles adecuados, entre otros, de lo que se ha dado en llamar el «cuarteto de la felicidad»[62]. Este cuarteto está formado por la endorfina (analgésico natural), la serotonina (antidepresivo que nosotros mismos producimos), la dopamina (responsable de la energía y mediadora del placer) y la oxitocina (la famosa hormona de los vínculos emocionales, fundamental en la construcción de la confianza). Una combinación virtuosa de estos elementos permite que nuestros niveles de energía vital, atención y motivación sean los adecuados.

Necesitamos por tanto que nuestros neurotransmisores funcionen de modo óptimo para mantener la productividad y el nivel de rendimiento físico y mental que nuestras responsabilidades nos exigen, pero tam-

---

62   Para más información y un programa de reentrenamiento de vuestros neurotransmisores hay algunas ideas interesantes en *Habits of a Happy Brain*, de Loreta Graziano Breuning. 2015. Adams Media.

bién para asegurarnos de que nuestra amígdala[63] no es repentina e irremediablemente secuestrada ante situaciones de estrés o conflicto, llevándose con ella nuestra inteligencia emocional. De hecho, la investigación y la experiencia nos enseñan que aquello que decían los sabios de «Mens sana in corpore sano» es absolutamente cierto. Una mente lúcida –bien escaso en estos tiempos– necesita de un cuerpo sano y fuerte, y olvidándonos del cuerpo es casi imposible cultivarla.

La importancia capital del sueño

Aunque no recordarais nada más de la conversación que estamos manteniendo, me sentiría enormemente reconfortada si os quedáis con la enorme importancia que dormir lo suficiente y profundamente tiene para nuestra vida y para nuestra salud física y mental. Ya en el año 350 a. C., Aristóteles escribió un *Tratado del sueño y la vigilia* donde se preguntaba qué era dormir y por qué lo hacíamos. Fue mucho más tarde, en 1924, con la creación del electroencefalógrafo, que registra la actividad eléctrica del cerebro[64], cuando el estudio del sueño saltó al dominio de la ciencia. En nuestra sociedad híper-activa, el sueño es concebido por muchos como enemigo de la productividad y el ocio. De hecho, según las estadísticas actuales, solo dormimos un máximo de siete horas, casi dos menos que hace un siglo. Esto se debe a la omnipresencia del alumbrado eléctrico, pero sobre todo a nuestra hiperactividad, a nuestra dependencia de televisores, ordenadores y móviles, y a nuestra necesidad de estar constantemente conectados.

Sin embargo, dormir es la actividad más sanadora que podemos llevar a cabo. En estado de vigilia el cerebro está ocupado con mil y una ta-

---

63   Me refiero obviamente a la amígdala del cerebro, que la mayoría de nosotros hemos descubierto no hace tanto tiempo. Situada en el sistema límbico del cerebro, es el principal núcleo de control de las emociones y sentimientos y controla asimismo las respuestas de satisfacción o miedo.

64   Para obtener de un modo sencillo una visión de conjunto sobre el tema del sueño os aconsejo un artículo de National Geographic (una de mis fuentes de expansión mental), de agosto del 2018: «Los secretos del sueño».

reas: partes del cuerpo que hay que controlar, órganos que hacer funcionar y, para muchos de nosotros, múltiples actividades como las que hacemos en la oficina como organizar tareas, hablar por teléfono, mandar mensajes de móvil, participar en reuniones o redactar *emails*. Por el contrario, al dormirnos, y más concretamente cuando comenzamos la primera parte, la del sueño R.E.M.[65], el instrumento más sofisticado y complejo que existe en el universo recibe vía libre para hacer cuanto desee, y es su momento para auto activarse, soñar, imaginar, viajar... Dormir es por tanto lo más parecido a un recreo para nuestro cerebro.

Dicen los expertos que durante el sueño alcanzamos nuestros máximos niveles de inteligencia, perspicacia, creatividad y libertad. En cierto sentido, y aunque pueda sonar a locura, es como si necesitáramos ocuparnos del resto de las actividades de nuestra existencia solo para que el cuerpo esté en condiciones de dormir. Dormir crea además conexiones neuronales que nunca podríamos formar en el plano consciente. De noche por fin dejamos de «grabar» para ponernos a «editar», y esto es fundamental para poder expandir nuestras mentes y hacerlas poderosas, además de ser esencial para mantener funcionando a pleno rendimiento «dispositivos» tan importantes para nuestra vida como el sistema inmunitario, la temperatura corporal o la presión arterial.

Lejos de darle al tema la importancia que requiere, como afirma Arianna Huffington en *La revolución del sueño*[66], «estamos viviendo una crisis del sueño... que tiene consecuencias nefastas en nuestras relaciones, nuestro trabajo y nuestra felicidad». Para Huffington, que se dedicó a investigar el tema en profundidad después de una grave crisis personal, se trata de la «revolución pendiente», porque en esta era de aceleración, conexión y prisas permanentes, disfrutar de un sueño reparador es más difícil y necesario que nunca. Por tanto, renovar nuestra relación

---

65   Durante el sueño el cerebro pasa por ciclos con cinco fases distintivas. La quinta es la fase del sueño de movimientos oculares rápidos (REM por sus siglas en inglés). El sueño REM representa el 25% del ciclo de sueño, ocurre por primera vez entre 70 y 90 minutos después de dormirnos y se repite varias veces durante la noche. Durante el sueño REM, el cerebro y el organismo se energizan y es cuando se sueña. El sueño REM participa en el proceso de almacenamiento de recuerdos y es fundamental para los procesos de aprendizaje y para equilibrar el estado de ánimo.

66   Huffington, Arianna (2016). *La Revolución del Sueño*. Plataforma Editorial.

con el sueño es clave para poder retomar un cierto dominio sobre nuestra vida. De hecho, muchos parecemos habernos convencido de la importancia de hacer ejercicio y tener una nutrición correcta en nuestras vidas, pero no estoy segura de que hayamos entendido en la misma medida la importancia de lo que para ella es el «tercer pilar» y para mí, a partir de mi experiencia, el primero, el sueño. El primero porque he visto de cerca el efecto de la falta de sueño durante periodos prolongados, incluyendo el síndrome de *burnout* que a menudo deriva de -o se agrava por- no descansar bien, y también cómo la falta de sueño nos lleva a cometer errores y a caer en todo tipo de hoyos… E incluso puede llegar a cambiarnos el carácter.

Pausas regeneradoras para un descanso inteligente

Casi tan importante como dormir bien es hacer paradas frecuentes a lo largo de la jornada para lograr mantener nuestros niveles de impacto y contribución, nuestra agudeza mental y elevados niveles de creatividad, en lugar de conformarnos con «formar parte del mobiliario». Según los expertos, debemos hacer estas pausas cada noventa minutos o dos horas como máximo, cambiando de actividad por unos minutos para poder volver a centrar nuestra atención. Nada que ver con lo que a menudo ocurre durante nuestras jornadas de trabajo -cada vez más largas-, que para muchos transcurren saltando de una actividad a otra sin centrarse realmente en ninguna, y haciendo varias cosas a la vez, como hablar por teléfono, escribir mensajes y mantener una conversación… eso por no hablar de las interminables jornadas transcurridas en reuniones virtuales que se encadenan unas con otras. Como ya comentamos, el cerebro aún no ha desarrollado la habilidad de hacer varias cosas a la vez -no, ni siquiera el nuestro, el de las mujeres-, así que en realidad lo que hacemos al saltar de una tarea a otra es encender y apagar constantemente la máquina más poderosa de la que disponemos. Algo así como si la pusiéramos por unos segundos en *stand-by* para volver a encenderla inmediatamente un sinnúmero de veces durante la jornada, lo cual nos deja agotados y sin rastro de pensamientos propios al final del día.

Esto me hace pensar en un episodio con uno de los CEOs más brillantes que he conocido. Hace algunos años, un día que estábamos comiendo juntos y hablando sobre su equipo, él dejó sobre la mesa el teléfono, que no dejaba de sonar, eso sí, en modo vibración. Para agravar las cosas, cada pocos minutos escuchábamos un pitido anunciándonos que acababa de recibir un nuevo *email*. Después de un rato con esta dinámica no tuve que decir mucho… bastó con poner cara de duda y soltar una carcajada, a la que le siguió una conversación sobre qué supone el estar siempre supuestamente disponibles o vivir en la falacia de creernos imprescindibles en el camino hacia la grandeza. Por eso es tan importante que hagamos descansos inteligentes durante el día -a veces un minuto con los ojos cerrados basta-, y también que le dediquemos lo mejor de nuestro día -cada uno sabemos cuál es ese momento- a centrarnos en dar rienda suelta a la creatividad y a aquello que requiera nuestra atención indivisa, en lugar de permitir que se evaporen esos momentos de máximo foco mientras leemos mensajes sin importancia o vagamos por las redes sociales. Para estar a la altura de nuestro potencial, es fundamental por tanto que encontremos, atesoremos y utilicemos con sabiduría nuestros ciclos de alta atención y alto foco… una actitud íntimamente conectada con el autocuidado.

«Corpore sano»

Otro ingrediente fundamental en el camino del autocuidado es un programa de ejercicio físico apropiado para cada persona y cada momento. Os remito a los expertos en el tema, ahora tan de moda, para indagar más, pero me atrevo a sugeriros algunas ideas. La primera es que el ejercicio nos lo tenemos que poner, sobre todo aquellos que tenemos más querencia a las bibliotecas que a los campos de deporte, lo más fácil y agradable posible. Esto implica hacerlo cerca de casa, sin tener que llevar a cabo complejas gestiones para organizarlo, convirtiéndolo en hábito, adaptándolo a cada edad y momento vital… y evitando que nos lleve a sitios donde no nos apetece ir con personas con quienes no queremos estar. Para los introvertidos, en general el mejor ejercicio es en soledad y como actividad de regeneración y recuperación de energía. Para los extrovertidos a menudo es una oportunidad para las relaciones sociales y para estar conectados y en compañía. A veces es también el marco para una buena conversación –pienso por ejemplo en los «paseos chinos» después de comer– y a menudo es la puerta de entrada a una mente limpia, a una buena dosis de endorfinas y a una sensación simple pero poderosa de bienestar.

En mi experiencia suele ser más efectivo hacer ejercicio para estar presentes que para huir, y es importante buscar el mejor momento en el día –dependiendo de nuestras agendas, de nuestros biorritmos y de nuestros hábitos– para asegurarnos de que nos carga las pilas sin impedirnos dormir. Si además podemos hacerlo al aire libre, y especialmente en la naturaleza, la recarga de energía es aún más potente, sobre todo si buscamos el momento adecuado para obtener la porción diaria de energía solar (treinta minutos según los expertos) que necesitamos para lograr nuestra dosis de vitamina D. También para mejorar nuestro estado de ánimo y nuestra salud en general, porque, como ocurre con el ejercicio, la exposición a la luz solar contribuye a liberar neurotransmisores en el cerebro que afectan al estado de ánimo. Merece la pena por tanto intentar pasar un poco más de tiempo al aire libre, mantener las persianas abiertas, sentarnos cerca de las ventanas o cambiar las bombillas por las de «espectro completo», que imitan la luz natural.

Somos lo que comemos

Tan importante como el ejercicio es la nutrición. Una alimentación adecuada es fundamental para que nuestro cerebro y nuestro cuerpo funcionen a pleno rendimiento, obteniendo agua (clave), proteínas, vitaminas y minerales, y algunos otros nutrientes que necesitan para hacer bien su trabajo. Como en el caso del ejercicio, me atrevo a haceros algunas sugerencias, como la de reducir el consumo de carbohidratos simples y de azúcares refinados en nuestra dieta, porque a la energía rápida que nos proporcionan siguen descensos igualmente bruscos que afectan a nuestra intención y a nuestra voluntad. Un descubrimiento que hice hace algunos años como externalidad positiva de un episodio complejo con mi propia salud es que para evitar los antojos de alimentos poco saludables hay que acudir a las causas raíz, que es básicamente la deshidratación, la insuficiencia en nuestros neurotransmisores y el sueño deficiente... y no la necesidad de comer. También que la insulina proveniente de los azúcares rápidos compite con los aminoácidos fruto de nuestra ingesta de proteínas en su camino hacia el cerebro, para promover la producción de los tan necesarios neurotransmisores. Un camino que se ralentiza cuando los aminoácidos quedan atascados esperando un descenso en los niveles de azúcar para llegar a su destino.

Nuestra relación con las hormonas

Para concluir la parte del autocuidado que tiene que ver con el cuerpo, permitidme mencionar algo que es fundamental para nuestro bienestar: nuestra relación con las hormonas. Según numerosos estudios, muchos de nosotros producimos demasiadas hormonas del estrés como el cortisol, la adrenalina o la noradrenalina, todas ellas creadas en nuestras glándulas suprarrenales para responder a cualquier ente o situación percibidos como un peligro. Si en los tiempos remotos de nuestra especie animal esa percepción provenía normalmente de situaciones de ataque, por ejemplo, de animales peligrosos, hoy puede derivar de la percepción de una amenaza a nuestro estatus, una mala relación con un jefe o con un colega, un proyecto o un puesto para el que no nos sentimos preparados y que nos genera ansiedad o la sensación de incertidumbre ante el futuro con la que todos vivimos y que se ha visto enormemente maximizada por la crisis en la que estamos inmersos. Estos trastornos hormonales, además de los que se producen por razones ajenas a nuestro control, relacionados con el proceso natural de envejecimiento de nuestro cuerpo, tienen consecuencias fundamentales para nuestro bienestar físico y emocional que debemos entender, aprender a gestionar y combatir con los medios a nuestro alcance. Y sí, esto también les afecta a ustedes, caballeros; acudan a sus urólogos, que se lo podrán explicar con todo lujo de detalle.

Una mirada propia sobre nosotros mismos

De la bioquímica y el cuerpo me gustaría llevaros ahora a otros dos aspectos del auto cuidado que empiezan en nuestra esfera privada pero que tienen el potencial de tener impacto sobre todos los ámbitos de nuestra vida. El primero es nuestra mirada. Aunque es cierto que según los expertos nuestro cerebro viene preprogramado para adoptar la actitud de «vaso medio lleno» o «vaso medio vacío», también lo es que podemos elegir y entrenar nuestra mirada, ya que, como me dijo un sabio una vez, «la vida nos sucede muchas veces». A estas alturas creo que ya todos hemos entendido que no podemos evitar que «la vida nos suceda», pero sí crear espacios de reflexión y aprender a gestionar conscientemente nuestras reacciones para poder elegirlas, no caer constantemente en el mismo hoyo y poder «ir por otra calle»...[67] y contarnos bien nuestras propias historias. Ejercitar y mantener una mirada posibilitadora es a veces complicado, pero, como casi todo lo importante, es una cuestión de actitud, de entrenamiento y trabajo. Respeto mucho vuestras inteligencias –y la mía– como para quedarme en las técnicas de autoayuda más o menos superficiales que proponen practicar una actitud positiva alejándonos de lo que ocurre o negando la realidad. Cuando hablo de entrenar la mirada, me refiero a trabajar disciplinadamente nuestra presencia, nuestra perspectiva y nuestra actitud para poder vivir en la espiral ascendente de la posibilidad[68] y tomar la actitud de protagonistas, y para ocuparnos de forma estratégica, profunda e intencional de permanecer la mayor parte del tiempo en este espacio.

---

67   Recordad la «Autobiografía en 5 actos» del capítulo sobre la Presencia.

68   Una perspectiva muy interesante sobre este tema la podéis encontrar en *The Art of Possibility: Transforming Professional and Personal Life*, de Rosamunde Stone Zander y Benjamin Zander, (2002) Penguin Books. Zander, además de un gran director de orquesta, es un muy buen directivo y *coach*.

La necesidad de relaciones saludables y significativas

El espacio al que me refiero implica que trabajemos en todos los factores relacionados con nuestros neurotransmisores que están a nuestro alcance y de los que hemos hablado, e implica además algo fundamental, y es que promovamos y alimentemos relaciones saludables y significativas. Relaciones que nos hagan sentirnos vistos, reconocidos y acompañados en todos los ámbitos y esferas importantes de nuestra vida, y ojalá incluso en algún momento aceptados y amados incondicionalmente, aunque sea a ratos y por muy pocas personas.

Como mamíferos que somos, necesitamos del otro para expresar nuestra singularidad. Necesitamos tener en nuestras redes cercanas personas que nos soportan o sobrellevan en su acepción en castellano, pero también otras que nos soportan en la acepción que usamos a menudo cuando traducimos directamente del inglés, es decir, aquellos en quienes nos apoyamos y que nos ayudan a ser y a crecer. Necesitamos trabajar esas relaciones para asegurarnos de que nos dan fuerza y nos ayudan a convertirnos en las mejores versiones posibles de nosotros mismos en lugar de crearnos «agujeros en las alas», como a veces ocurre cuando alimentamos relaciones de codependencia o de constante conflicto. Y necesitamos, sin duda alguna, trabajar con calma la relación más importante y duradera que tenemos en nuestras vidas, que es la relación con nosotros mismos, para mantenerla siempre saneada. Del cultivo de relaciones poderosas y de su lugar de excepción entre nuestras tácticas de autoexpresión hablaremos más adelante, así que por ahora no me voy a detener más en el tema, pero sí quería resaltar su papel en el autocuidado y recordaros que es un buen lugar donde buscar cuando caigamos en el próximo hoyo.

La conexión con el propósito y la trascendencia de este

Casi en el lado opuesto del espectro, entre los factores más macro, están algunos elementos que merece la pena resaltar y que tienen que ver con asegurarnos de poner nuestra energía y nuestro talento al servicio de las organizaciones e instituciones correctas, para no sentir que estamos «echando margaritas a los cerdos». De los muchos estudios sobre el tema, me parece interesante el esquema, muy sencillo, que propone Daniel Pink en su libro *Drive*[69], en el que plantea una investigación bastante sólida de los factores clave de la motivación, y donde se extraen conclusiones que a mí me gusta analizar desde la perspectiva del autocuidado. Porque el autocuidado pasa también por asegurarnos de que las personas, el proyecto y la organización para los que trabajamos, especialmente si tenemos en cuenta la cantidad de horas, energía y atención que le dedicamos a nuestra vida profesional, reúnen una serie de requisitos clave. En el libro, Pink, con el apoyo del Massachusetts Institute of Technology (MIT), entre otras instituciones, parte de un estudio realizado con personas parecidas a aquellas con las que trabajamos o podríamos trabajar.

El estudio demuestra que, una vez superadas las necesidad básicas, para la mayoría de nosotros los mayores incentivos para lograr un rendimiento excelente no son el dinero o los estímulos monetarios, sino una combinación de tres factores virtuosos: 1) percibir que tengo suficiente autonomía e iniciativa para hacer mi trabajo; 2) tener la capacidad para desarrollar mis conocimientos y competencia para poder así contribuir y sentirme valioso y necesario; y 3) entender y estar conectado con el propósito del proyecto, el equipo y la organización de una forma que para mí sea significativa y refleje mi propia causa. Por eso cada vez más organizaciones quieren tener misiones, o al menos versiones de estas y de sus objetivos, que sean –o al menos parezcan– «trascendentales»… porque han entendido el impacto que esto tiene en sus resultados y que necesitan de ese sentido de «trascendencia» para atraer a los mejores y conseguir además que quieran dar lo mejor de sí mismos.

---

69   Pink, Daniel. (2018). *Drive: The Surprising Truth About What Motivates Us.* Cannongate Books.

La ética del cuidado: empatía, confianza y amor

Para completar el recorrido a través del autocuidado, un marco teórico que me parece clave contemplar en el camino hacia la grandeza interior es el debate sobre la ética del cuidado, que comenzó con el trabajo de Carol Gilligan[70]. Fue ella quien enfatizó el desarrollo moral experimentado por las mujeres como resultado de la «socialización» y la práctica del cuidado, completando así el trabajo de su maestro, Lawrence Kohlberg[71], construido únicamente –menos mal que han cambiado los tiempos– sobre el estudio de hombres. Trascendiendo el debate sobre modelos femeninos y masculinos, el valor fundamental del trabajo de Carol Gilligan es el de definir un nuevo paradigma del cuidado que va más allá del horizonte de la ética y la democracia, y que es poderosamente relevante para nuestro «Nuevo Orden». Ella le da al cuidado del otro un valor tan primordial y universal como el que le concedemos a la justicia, y lo concreta en dimensiones tan importantes para el bienestar del individuo y de la sociedad como la capacidad de amar, la empatía o la capacidad de generar confianza entre unos y otros.

Los tiempos que vivimos hacen más indispensable que nunca que el cuidado complete a la justicia, y eso solo puede ocurrir si desarrollamos la empatía, cualidad fundamental que nos impide volvernos inmunes ante la sinrazón. Nuestra capacidad como seres humanos para empatizar con lo diverso, ser sensibles a las necesidades del otro y responder a ellas adecuadamente es la que nos da la autoridad moral para desempeñar roles directivos de cualquier naturaleza y para abordar transformaciones cruciales en este mundo de interdependencias crecientes. Así que, si no tenemos esa capacidad o no estamos dispuestos a cultivarla, sería mejor para todos que nos dedicáramos a otra cosa.

---

70   Gilligan, Carol. (2009). *In a Different Voice: Psychological Theory and Women's Development*. Harvard Business Press.

71   Kohlberg, L. (1976). *Moral Stages and Moralization*, en Lickona, T. (ed.) Moral Development and Behavior: Theory, Research and Social Issues. Nueva York: Rinehart and Winston.

Poner el cuidado en el centro mismo del paradigma de la nueva civilización es sin duda el camino, porque precisamente es la falta de cuidado la que nos ha llevado al final del modelo que muchos hemos conocido. Un modelo que ya había dejado de ser sostenible desde múltiples puntos de vista incluso antes de que la vida se rebelara para recordarnos que solo somos parte y expresión del cosmos, y no sus dueños.

EL REGALO DE LA AUTOCOMPASIÓN

Amarse a uno mismo es el comienzo de un romance para toda la vida.

Oscar Wilde

Había pensado en llamar a esta sección «algunos requisitos para desarrollar súper poderes», tal vez porque a estas alturas ya he entendido que sin autocompasión (que no autocomplacencia o auto-condescendencia), todos los súper poderes que yo considero relevantes para el liderazgo y para la vida se acaban perdiendo. La otra razón es que las dos grandes mujeres que la inspiran, Laverne Webb y María Hutchinson, me han acompañado y me siguen acompañando en el camino para desarrollar mis propios súper poderes.

Laverne fue mi jefa no convencional durante varios años, como CEO de una empresa con la que a partir del 2010 colaboré en uno de los proyectos en los que más he aprendido y disfrutado, el Programa de Desarrollo Directivo para el Secretariado de Naciones Unidas. María, por su parte, fue en su momento responsable de desarrollo directivo a nivel global del Secretariado en Nueva York, para pasar después a ser directora adjunta de lo que podríamos llamar la universidad corporativa de Naciones Unidas, la Escuela Superior del Personal del Sistema de las Naciones Unidas en Turín (UNSCC). Juntas diseñaron y pusieron en marcha con sus equipos uno de los mejores programas de los que he formado parte, por el que pasaron más de diez mil personas en todo el mundo, y que en su momento fue sin duda un programa de frontera.

El programa (*Management Development Program*, o MDP por sus siglas en inglés) iba dirigido a todos los directivos de la Secretaría, integrada por funcionarios internacionales en oficinas del mundo entero que desempeñan funciones tan variadas como los temas que tratan las agencias de Naciones Unidas. Funciones como la administración de operaciones de mantenimiento de la paz o la mediación en controversias internacionales, el examen de tendencias y problemas económicos y sociales, la preparación de estudios y tratados o el liderazgo de iniciativas relacionadas con los derechos humanos o el desarrollo sostenible. El MDP pretendía apoyar un cambio cultural y una transición fundamental en lo que se esperaba de los directivos de la ONU y se basaba en la premisa de la importancia para cualquier directivo de abordar primero el cambio propio para después liderar un cambio en la organización. El programa, holístico y basado en el paradigma del liderazgo apreciativo[72], proponía plantear la gestión de situaciones, proyectos, objetivos y personas a partir de oportunidades y fortalezas, y exhortaba a los directivos a ampliar su mirada mucho más allá de la competencia y el liderazgo técnico, tan cruciales en la ONU, para mantenerse en la frontera de sus disciplinas, proponiéndoles desarrollar competencias de liderazgo aptas para la gestión de un mundo en cambio.

Este programa me hizo consciente para siempre de la importancia de rodearnos de gente mejor que nosotros, tanto desde el punto de vista humano como desde el punto de vista intelectual, para poder disfrutar verdaderamente de tener vidas con propósito sin perder la inocencia ni la capacidad para agradecer el regalo que estas vidas suponen. Entre los temas estrella estaban el autocuidado y la autocompasión, tan fundamentales para las personas que trabajan en el sector humanitario y para todos aquellos que de una u otra forma estamos en el mundo del cuidado. La visión de Laverne y María inspiró la introducción de este concepto en el programa y a mí me llevó a intentar descubrir qué significa, de qué está hecho y cómo se traduce en acciones específicas.

---

72   El liderazgo apreciativo consiste en centrar la mirada por parte del líder no solo en las oportunidades y en el propio potencial, sino en el de los miembros de su equipo, ayudando a inspirar y estimular esa misma mirada en las personas con las que se trabaja para contribuir a crear cambios significativos y valiosos.

A tratar de entender su papel fundamental en una vida con propósito, significativa y de encuentro con el otro, y a percibir las profundidades de la trampa de la «fatiga de la compasión»[73] para aprender a salir de ella. Y a vislumbrar que la autocompasión es fundamental para poder mostrarnos en toda nuestra luz.

Las personas que ejercen el liderazgo, independientemente de su lugar en los organigramas, aquellas que están tratando de tener vidas no inocuas y de lograr algo más allá de ellos mismos con pasión y determinación no tienen dos vidas que se pueden «conciliar». Después de muchos años de intentarlo, en general descubren que en realidad tienen una sola vida en la que deben aprender lo antes posible a defender sus prioridades –ojalá afines a sus causas–, a fabricar energía, a levantar barreras cuando la ocasión lo requiere y a decir que no a los demás para poder decirse sí a ellas mismas. De esta habilidad depende no solo el poder llevar a cabo sus propósitos de vida sino el ayudar a otros a hacer lo mismo.

Eso es lo que han intentado hacer con sus vidas estas dos grandes mujeres, visionarias y adelantadas a su tiempo, grandes maestras y mentoras para tantas personas, que han puesto su vocación, su potencial y su capacidad al servicio de la transformación de sus organizaciones y de las personas con las que se han encontrado en el camino. Ojalá hubiera muchas más como ellas… Y ojalá pudiéramos lograr entre todos que esa autocompasión ilustrada se transmitiera como una epidemia. Ambas representan el arquetipo de las mujeres pioneras, que han abierto camino a otras mujeres y hombres en todo el planeta. Dos hermosas damas más grandes que la vida, que viven desde un propósito elevado, sin tomar atajos ni mirar hacia otro lado. Mujeres que han acompañado a muchas personas, entre las que me encuentro, en el proceso para descubrir su propio propósito y poner en valor su potencial para brillar con luz propia.

---

73 *Compassion Fatigue* o «fatiga de la compasión» es un concepto acuñado para describir el momento en el que sentimos que hemos vaciado nuestros recursos emocionales, físicos, mentales y espirituales, y no tenemos más para dar.

Laverne es lo que en inglés llaman una *power house*, una «central energética», con miradas, ideas y ángulos de visión nuevos. Después de muchas vueltas por el mundo trabajando en varios continentes, en este momento está viviendo lo que ella define como su Acto III. Apoyándose en toda una vida como «emprendedora en serie» y agente de cambio, Laverne dedica ahora su tiempo a un gran proyecto: acompañar a otras personas en el proceso de imaginar, diseñar y crear cambios en sus vidas, en sus carreras, en sus organizaciones y en el mundo. Es una de las personas más visionarias y estratégicas que he conocido. También una de las más comprometidas con las transformaciones posibles cuando unimos nuestras fuerzas con otros en una alianza creativa con el objetivo de crear un mundo mejor. Inspiradora y mágica, deriva su propia inspiración de las esperanzas, los desafíos y el compromiso incansable de los miles de líderes con los que ha trabajado y trabaja. Representa uno de los mejores ejemplos que conozco del poder que confieren la certeza, el valor y el sentido de la urgencia para poder crear un territorio para el bien común. Es también una firme creyente en que quiénes somos importa tanto como lo que hacemos, y en la integración de las dimensiones de ser y hacer. Alma vieja de espíritu siempre joven, hace gala de una claridad mental que corta como un diamante y de toda la fuerza que le da una enorme compasión hacia los otros. Laverne me ha regalado momentos maravillosos que me han cambiado para siempre.

Y en cuanto a María… siempre he pensado que las mujeres caribeñas son extremadamente poderosas. María es un ejemplo perfecto de esta disposición, porque, aunque nació en el Reino Unido, tiene raíces, maneras y talante de caribeña. Mujer de colores y con colores, contenedora de una inmensa sabiduría en frasco pequeño. Generosa con sus afectos y sus juicios, maestra para tantos, bella, elegante y valiente… siempre he pensado que es una grande, y la admiro profundamente. La conocí en un autobús volviendo a Nueva York después de trabajar con un grupo de «miuras» de la oficina de la ONU cuando yo todavía era bastante novata. Aún estaba temblando después de una semana llena de desafíos, y me pareció que la idea de volver con mi jefa en el autobús era lo menos apetecible en ese momento, en el que, francamente, lo único que quería era dormir una siesta. María había creado, y lideraba junto con Laverne, el proyecto en el que estaba trabajando, así que en cierto sentido era mi jefa. Me preparé lo mejor posible para salir airosa de lo que yo auguraba como un interrogatorio en tercer grado. Me equivocaba, y en ese autobús comenzó una conversación generadora, posibilista y valiente que sigue viva y que me ha regalado muchos momentos de luz.

Además de su generosidad con lo importante, de María admiro su serenidad, su sentido del humor y un compromiso inquebrantable con los futuros mejores para todos que la ha llevado a trabajar en el desarrollo de países y personas, contribuyendo a su realización. Después de una carrera larga y exitosa en diferentes organizaciones de Naciones Unidas, María se dedica ahora a hacer lo que más ama: conocer a gente inspiradora y diseñar, crear y facilitar estrategias e iniciativas de aprendizaje para personas y equipos, acompañándolos en el camino hacia su potencial.

EMPRENDE EL CAMINO DEL AUTOCUIDADO O DE CÓMO TENDER PUENTES ENTRE MENTE, CORAZÓN Y ESPÍRITU

Como ya sabéis, dedico una parte importante de mi tiempo y energía a mantener conversaciones sobre autocuidado con personas de todas las edades, culturas, colores, tipos, y tamaños. Un ejercicio fundamental para poder dar lo mejor de nosotros mismos, inspirarnos e inspirar, que incluye la revisión de todas las claves que nos permiten llevar nuestra energía y contribución a niveles óptimos y tender puentes entre mente, corazón y espíritu.

A lo largo de sesiones y conversaciones con las personas con las que trabajo, vamos realizando una serie de «paradas» relevantes en el camino del autocuidado significativo, que como ya hemos visto, comienza con la bioquímica y culmina con la elección de nuestras causas. Para tratar de ordenar el proceso e ir de lo pequeño a lo grande –teniendo en cuenta que el orden es siempre absolutamente personal–, comenzamos por el cuidado de nuestra salud desde todos los puntos de vista relevantes para después analizar nuestros equipos y organizaciones con el objetivo de entender si nos están permitiendo expresar nuestros dones.

Continuamos con un repaso del estado de nuestras relaciones –para asegurarnos de que estamos cultivando las que les ponen viento a nuestras velas en lugar de quitárselo– y terminamos dilucidando si las causas en las que andamos empeñados nos merecen o no. Se trata de poner en marcha los mecanismos para cerciorarnos de que podemos generar energía y claridad[74] para nosotros mismos y para otros, y de que nos movemos en niveles de motivación que nos permiten tener el máximo impacto, no caer en la apatía ni en la zona de confort... y elegir ir por otras calles.

Como parte de esta misión personal, hace un par de años me tocó facilitar una serie de sesiones dedicadas a tomar conciencia de la importancia del autocuidado y del auto liderazgo como puntos de partida para maximizar nuestra productividad y contribución y las de nuestros equipos. En el programa, que recibió premios tanto a nivel local como internacionalmente, participaron los más de 250 mandos intermedios de Heineken España en aquel momento.

En las sesiones, desarrolladas con calma, en confianza y con el espacio para trabajar de forma artesanal, tuve el privilegio no solo de disfrutar mucho, sino también de aprender –y confirmar– algunas cosas importantes que tienen que ver con la conversación que venimos manteniendo sobre el autocuidado, y de las que me gustaría destacar dos. La primera es el papel que como ya hemos hablado tienen el sueño y el descanso como herramientas clave para transformar nuestras vidas. En las sesiones se abordaban múltiples aspectos: el insomnio; el cansancio crónico; la importancia de mantener un horario y de tener rutinas para irse a dormir; el impacto en nuestra jornada de la ingesta de cafeína y otros excitantes; las alteraciones del sueño para quienes viajan frecuentemente; el sueño y el rendimiento deportivo; el sueño y la tecnología; el valor de hacer pausas cortas durante nuestras largas jornadas de trabajo, e incluso los beneficios de la siesta. La conclusión clave de muchas de estas conversaciones fue que un porcentaje elevado de los que estábamos en la sala hacía ya mucho tiempo que habíamos empezado a dormir menos de lo necesario y a conformarnos con que nuestro sueño fuera de calidad deficiente... y que habíamos acabado resignándo-

---

74   Ya sé que es mucho pedir, pero últimamente es algo en lo que pienso mucho... tal vez porque veo muy poca claridad en las organizaciones donde trabajo y en el mundo en general. Si no me creéis, acudid a Yuval Noah Harari, el historiador israelí convertido ya en uno de los grandes gurús de nuestros tiempos, para quien es la cualidad más importante que cultivar en los tiempos que corren. Harari explora en su tercer libro, *21 lecciones para el siglo XXI* (Editorial Debate, 2018), algunos de los más acuciantes desafíos actuales... y habla mucho sobre claridad.

nos a que las cosas fueran así y a vivir, a menudo de forma inconsciente, con las consecuencias.

Factor determinante en este proceso es que muchos de nosotros, por razones diversas, pensamos que tenemos que estar disponibles todo el tiempo para nuestras redes personales, pero cada vez más también para las profesionales. Por ese y otros motivos, en la sala siempre había varias personas que confesaban tener una relación de amor-odio –incluso adictiva– con la tecnología. En los talleres revisamos la relación directa entre la tecnología y la baja calidad de nuestro sueño y la importancia de crear momentos de *black-out*, especialmente al principio y al final del día, para mejorar nuestro descanso pero también nuestra creatividad, nuestra capacidad para concentrarnos y, más importante aún, para fabricar tiempo para nutrir adecuadamente las relaciones con las personas que a menudo funcionan como claves de nuestra bóveda.

Como resultado de las sesiones, todos elaboraban un borrador de un plan de autocuidado (yo lo llamo un «Me Plan») en el que asumían una serie de compromisos, algunos bastante sencillos, como mantener los dispositivos móviles fuera del dormitorio, lo que para muchos implicaba hacerse con un despertador tradicional. En el otro lado del espectro había otros bastante más profundos que requerían en casi todos los casos de decisiones y conversaciones valientes y poderosas, empezando por la ineludible conversación con nosotros mismos sobre algunos pasos impostergables en el camino para recuperar nuestra salud y nuestro bienestar como puerta de entrada hacia nuestra motivación y nuestro rendimiento.

La otra conclusión clave de esas sesiones es la importancia de encontrar lugar para nuestras causas en nuestra organización. Más allá del propósito de mi organización, departamento, unidad, puesto... está mi propio propósito, y si no descubro cómo alinear ambos es difícil que encuentre la energía para dar lo mejor de mí mismo. Cuando nos cuesta respondernos a las preguntas clave, que tienen que ver, como ya hemos visto, y como seres humanos que somos, con sentirnos útiles, valiosos y necesarios, es muy difícil ser nuestra mejor versión. El poder responderlas es esencial para pertenecer, construir proyectos juntos y trascender. En la sala se escuchaban respuestas muy diversas, seguramente parecidas a las que podríamos encontrar en cualquier organización, con variantes que iban desde las causas más micro, como el bienestar de sus familias, a otras mucho más macro, en respuesta a ambiciones de liderar proyectos o de transformar equipos, organizaciones y entornos. Entre las respuestas me sorprendió que muchas personas subrayaran algo que sentí como muy específico de Heineken, inherente a su identidad y pieza fundamental de su cultura organizacional, y que tenía que ver con la alegría, la ilusión y las ganas de jugar, divertirse y ganar... y de representar en primera persona ese lado fresco y alegre de sus marcas.

Cuando empecé a trabajar con ellos, a mí, siempre tan seriecita y concentrada en las grandes causas y en cambiar el mundo, estas «causas» se me hacían un poco demasiado livianas, casi frívolas... Con el tiempo, conociendo a las personas y descubriendo la organización, entendí el poder que esa «frescura» tiene como elemento aglutinador. Mi deseo para mis chicas y chicos de Heineken es que sigan siendo los mismos, que no se hagan «mayores» y que encuentren formas de conservar siempre su frescura y de mantenerla como piedra de toque de su cultura. Y que eso los convierta, a pesar, o precisamente debido a la que está cayendo, en una organización cada vez mejor.

TU PROPIO PLAN DE AUTOCUIDADO

Después de todo lo que hemos visto en esta dimensión, ha llegado el momento de elaborar un plan de autocuidado («Mi Plan»). Para empezar, te propongo hacer una revisión general y crear un mapa parecido al que crean mis directivos, que incluya todas las áreas relevantes de tu vida. Para ello puedes usar el cuadro que aparece más adelante y hacerte algunas preguntas como estas:

1. **¿Cuáles son las áreas de tu vida en las que estás satisfecho?**

2. **¿Cuáles son aquellas áreas donde es importante que hagas un cambio?**

CREA TU PROPIO MAPA

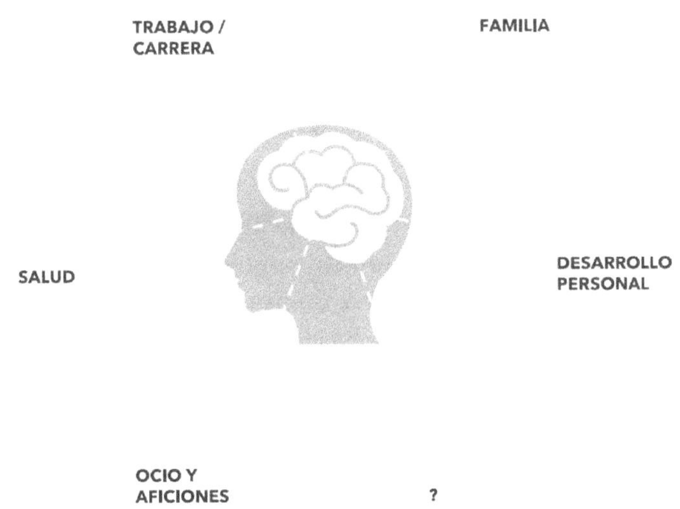

Nota: No tienen por qué ser aquellas donde están las mayores áreas de mejora... A veces es más sabio u oportuno, dependiendo de las circunstancias y del momento vital, trabajar para conseguir beneficios marginales en aquellas áreas donde ya estamos más avanzados.

Para completar ese plan, me gustaría añadir una pieza clave, compartiendo contigo una herramienta que para mí fue una revolución cuando la descubrí. Se trata del Healthy Mind Platter (dieta mental sana), creado por los doctores David Rock y Daniel J. Siegel, y que básicamente contiene, como cualquier dieta, los siete componentes esenciales -en este caso actividades mentales- para una salud mental óptima en la vida diaria.

Estas siete actividades diarias constituyen el conjunto completo de «nutrientes mentales» que nuestro cerebro necesita para funcionar de la mejor manera posible. Dedicar tiempo todos los días a cada una de ellas permite a nuestro cerebro coordinar y equilibrar sus actividades, estimulando su funcionamiento y ayudándonos a establecer conexiones con otras personas.

Como en el caso anterior, se trata de que definas en qué áreas de actividad estás satisfecho y en cuáles es importante que hagas un cambio, teniendo en cuenta de nuevo que no existe una receta concreta para una mente sana, ya que cada uno de nosotros somos diferentes y además nuestras necesidades cambian con el tiempo. Se trata antes de nada de hacernos conscientes de la importancia de cada elemento para que el cerebro pueda desarrollarse en toda su extensión.

Un uso revelador de esta herramienta es analizar un día promedio y ver qué porcentaje de tu tiempo pasas en cada área. Será interesante ver lo que ponéis como tiempo de juego los high-achievers... Seguramente a algunos os cueste entender a qué se refiere esta actividad. También descubrir el equilibrio entre tiempo de reflexión y de conexión para introvertidos y extrovertidos, o estudiar cuán abultado o no es el porcentaje de vuestro tiempo que dedicáis a concentraros... y las consecuencias que eso tiene. ¡Que lo disfrutéis!

DIETA MENTAL SANA

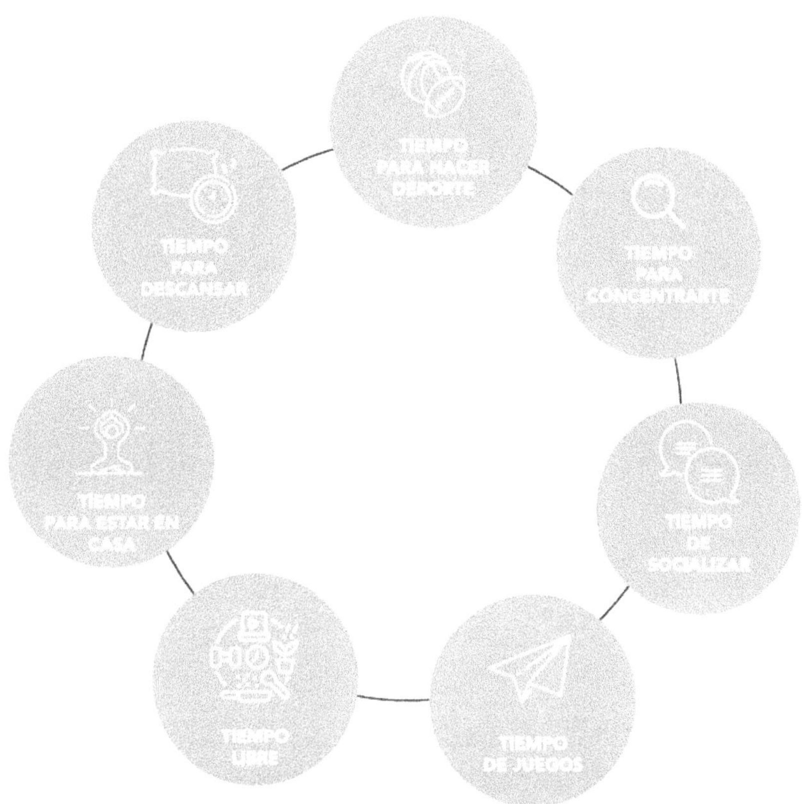

David Rock y Daniel J. Siegel, M.D. (2011).
The Healthy Mind Platter for Optimal Brain Matter.

REVOLUCIONES PÚBLICAS

TRANSFORMANDO TODO LO DEMÁS

5

VIVE EN LA INFLUENCIA

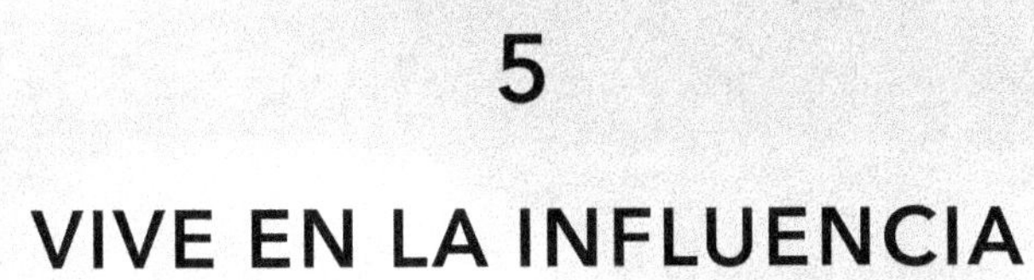

5

VIVE LA INFLUENCIA

*Uno no puede vivir la vida de otro, ni siquiera la de sus hijos.
Ejercemos la influencia a través de nuestra propia vida, de aquello en lo
que nos hemos convertido.*

ELEANOR ROOSEVELT

La complejidad sin precedentes que vivimos en nuestras organizaciones, instituciones y sociedades viene dada en buena medida porque hoy por hoy la mayor parte de los procesos y decisiones implican la intermediación de una matriz más o menos intricada y heterogénea y el desarrollo de *partnerships* cada vez más amplios. El control, que tan útil pudo sernos para llegar hasta donde estamos, ya no es la estrategia adecuada para lograr los mejores resultados ni para promover la excelencia en nuestros equipos y organizaciones.

El momento de tránsito fundamental en el desarrollo de un líder es precisamente cuando su labor deja de ser la de controlar y gestionar -en formas cada vez más sofisticadas y a menudo haciendo gala de una tremenda capacidad de trabajo- lo que ocurre en su equipo o en su organización para emprender el camino de la influencia. Un camino que presupone anhelos, habilidades y destrezas considerablemente diferentes. Para abordar este tránsito de la mejor manera posible es importante haber tenido cierto éxito, tanto a ojos de los demás como especialmente a los propios, y haberse enfrentado con solvencia a dos grandes amenazas: la falta de humildad y la pérdida de contacto con la realidad. De lo contrario es difícil entrar en el juego de la influencia con ciertos visos de éxito, porque no se trata de aumentar un poco el «área de juego», sino de aprender a jugar en campos con dimensiones hasta este momento desconocidas. Se trata además de un juego diferente, que requiere aceptar que en el territorio del control, la capacidad es la asíntota de nuestra contribución, y el no ir más allá puede representar oportunidades perdidas para nosotros y especialmente para nuestros equipos y organizaciones.

El salto cuántico del control a la influencia

Solo unas pocas personas con las que he trabajado, hasta en las más altas cúpulas, han logrado hacer este tránsito con todas sus consecuencias. El resultado ha sido extraordinario tanto para ellas como para sus organizaciones. En la mayoría de los casos el salto del control a la influencia es muy difícil y se vive, si se hace conscientemente, como un «salto cuántico». Se trata de una evolución que requiere una nueva caja de herramientas, pero sobre todo un cambio de paradigma y de foco de atención. Implica ineludiblemente que durante una etapa de nuestra vida deje de haber suelo bajo nuestros pies y presupone un proceso de sofisticación y ampliación de nuestros objetivos y de cómo definimos nuestros logros, pero también una sana aceptación de nuestros defectos y virtudes y, una relación trabajada y saludable con nuestro ego. Las personas que no son capaces de dar el salto en las cúspides de organizaciones y países se convierten irremisiblemente en un freno para el futuro, se instalan en espacios de mediocridad más o menos explícitos y experimentan serias dificultades para ceder el paso a otros, poniendo en peligro equipos, proyectos, organizaciones… y naciones enteras.

Entender la importancia de este salto es fundamental para operar de forma productiva en entornos complejos, y debería ser un prerrequisito para estar en cualquier posición de calado de gestión de lo público. Esto es especialmente cierto para quienes quieren dedicarse a la política, aunque no parece que haya sido parte del *due diligence*[75] para muchos de los que hoy la pueblan, a juzgar por la sequía de estadistas. El abordarlo con éxito, por otra parte, nos prepara para emprender legados hermosos y para trascender.

El momento y la capacidad para saltar y abordar la transición entre control e influencia son fundamentales en el proceso de maduración y sofisticación de un líder y, en mi experiencia, suelen ir unidos al descubrimiento del poder del «liderazgo de desviación positiva»[76] y a su práctica sistemática y estratégica. También a entender que a partir de un determinado momento ya no se trata de tener respuestas mejores que las de otros, sino de hacerse y hacer buenas preguntas. Y a aceptar que para lograr un cambio profundo es necesario traspasar la barrera del miedo y hacer evolucionar tanto nuestras preguntas como nuestras historias, imágenes y metáforas, porque marcan la dirección en la que vamos tanto las personas como las organizaciones.

Ese camino del control a la influencia empieza a menudo con una reflexión –motivada a menudo por una crisis bien trabajada– sobre en qué áreas de nuestro trabajo y de nuestra vida queremos estar al mando, aunque eso suponga paradójicamente perder el control, y sobre los pasos que estamos dispuestos a dar para dejar de tener la sensación de que están en manos de otras personas sin que podamos hacer nada para cambiarlo.

Entender nuestras fuentes de poder e influencia

El siguiente paso es entender nuestras fuentes de poder, disponiéndonos a una reflexión que a menudo nunca hemos hecho. Se trata de

---

75 *Due diligence* o «diligencia debida». Es un término referido a la práctica de llevar a cabo una investigación sobre una empresa, persona o proyecto previa a la firma de un acuerdo o contrato para poder hacerlo con verdadero conocimiento de causa.

76 El concepto de desviación positiva, como ya vimos, está basado en la observación de que en cada grupo humano hay ciertos individuos o grupos cuyos comportamientos y estrategias inusuales les permiten encontrar mejores soluciones que las de sus iguales.

descubrir primero nuestras fuentes de poder personal, que derivan de nuestros conocimientos, carácter, personalidad o capacidad de persuasión… y que en realidad son variaciones de la trilogía de *logos* (lógica), *pathos* (emoción) y *ethos* (carácter) que ya desarrollara Aristóteles hace más de dos mil años[77]. A esta reflexión tenemos que sumarle las fuentes de poder que vienen dadas por nuestra responsabilidad, las que tienen que ver con nuestro rol -la tarjeta-, la reputación de la organización, el área o proyecto al que pertenecemos y su peso específico, la información de que disponemos, los recursos que podemos movilizar… Todo esto sin desconocer la pieza clave de nuestro repertorio de influencia, que son sin duda nuestros accesos, nuestra red.

Poder e influencia no son lo mismo. El poder es un potencial que tiene que ver con nuestros recursos de todo tipo, mientras que la influencia requiere que los pongamos a trabajar. La influencia con mayúsculas a la que me estoy refiriendo presupone, para ser duradera y tener peso específico, que tanto nuestra intención como nuestra acción sean correctas y basadas en el respeto por el otro y por nosotros mismos. También que provenga de la autenticidad y se ejerza con naturalidad, y esto es fundamental, de nuestra historia pasada como «influidores» -o *influencers*, si preferís ese término. El potencial que pueden darnos nuestro poder personal y organizacional se va marchitando hasta que lo perdemos si no lo ponemos a trabajar, porque en algún punto del camino se hace necesario elegir -y especialmente que te elijan- ser líder o ser *follower*. Por todo esto, en los momentos definitorios, por nuestro propio bien, pero especialmente por el de nuestras organizaciones, deberíamos pensar bien si estamos dispuestos a emprender el camino de la influencia o si es momento de aceptar que ha llegado la hora de quitarnos de en medio con elegancia.

Por otra parte, para sumergirnos en el mundo de la influencia es importante haber internalizado algo que, aunque parezca muy sencillo es muy difícil de entender para algunos: que la relación entre vínculos y resultados es fundamental. Para muchos directivos este salto es casi

---

77   En realidad, hemos avanzado poco en el arte de persuadir. Aristóteles ya escribió hace más de 2.300 años en su famosa Retórica que existen tres tipos de argumentos persuasivos o modos de apelación en un discurso: los relativos al *ethos*, al *pathos* y al *logos*.

mortal y les cuesta aceptar que llegado un cierto punto se trata de dejar de hacer para convertirnos en facilitadores, buscadores de apoyo, conectores con otras áreas e instituciones dentro y fuera de la organización, abridores de puertas, conseguidores de recursos e información y *honest brokers* de acuerdos más o menos sofisticados… y que nuestro principal valor añadido son nuestros contactos, nuestras relaciones y nuestros accesos. Para muchos es difícil entender que la calidad, la textura y la forma de nuestras relaciones tiene necesariamente que irse transformando con el tiempo, y que la gran contribución de un directivo a partir de un determinado nivel son sus accesos, que solo se logran cultivando las relaciones necesarias tanto para el presente como para el futuro con tiempo, energía, cuidado y autenticidad.

La influencia presupone el cultivo de estas redes de relaciones poderosas haciendo gala de generosidad y consistencia, pero sobre todo de una mirada estratégica. En mi experiencia, estas redes pueden ser más o menos compactas o dispersas dependiendo del momento en que estemos en nuestra trayectoria y del fragmento de realidad sobre el que hayamos decidido tener impacto, pero es importante que sean lo suficientemente diversas[78] desde todos los puntos de vista (género, historia personal, generación, cultura, intereses, perímetro, prioridades…) para que nos permitan entender tendencias y patrones clave y dilucidar por dónde van a llegar los próximos cambios y oportunidades. Se trata de vivir en la zona mágica y no en la de confort, y de estar dispuestos a «disrumpirnos» para evitar «ser disrumpidos».

Entrenamiento para «influencers»

Influir en otras personas requiere desarrollar un repertorio de técnicas lo más sofisticado posible, distinguiendo cuáles son afines a nuestra naturaleza y dónde es necesario aumentar nuestro repertorio a medida que crecen nuestras causas. Entre estas técnicas hay algunas más

---

78   Una perspectiva valiosa sobre este tema nos la ofrece Rosalinde Torres, *senior partner* y *managing director* del Boston Consulting Group en su TED, «What it takes to be a great leader», de agosto del 2017.

«convencionales» que aportan los expertos en la materia, como ampararse en una autoridad superior (algo por cierto no muy efectivo con los *millenials* y generaciones posteriores), utilizar la lógica y argumentos racionales, apelar a valores, crear una percepción de deuda para poder cobrarse después los favores, negociar... En mi experiencia, sin embargo, este repertorio clásico se ha ido quedando obsoleto, porque cada vez hay más personas que intentan no dejarse seducir por oropeles y eligen afirmar su individualidad por encima de la pertenencia al grupo.

Para ampliar el repertorio es importante añadir a estas tácticas otras como, primero y fundamental, conocernos bien a nosotros mismos y nuestras causas para decidir cuándo y cómo merece la pena emprender las batallas. Y es que influir, como una vez me dijo una de mis alumnas, consiste en dejar fluir lo que tenemos dentro. Una vez entendidas las causas, conviene analizar y tratar de entender las claves tanto de la geopolítica como de la política institucional u organizacional, es decir, el juego que hay que jugar y del que hablaremos más tarde. Fundamentales son también el coraje (a nadie le gusta ser *follower* de un cobarde, aunque lo disimule), las preguntas poderosas, la preocupación auténtica y genuina por el otro, por los otros, la escucha generadora -creedme, influir va mucho más de escuchar que de hablar-, o la paciencia estratégica que ya habíamos mencionado y que tiene que ver con entender y saber esperar los momentos y las ventanas de oportunidad para hacer avanzar nuestras causas sin desfallecer.

Cultivando nuestra red

De vez en cuando, y siempre antes de emprender un nuevo proyecto, camino o reencarnación, es básico hacer una revisión objetiva de nuestras redes relacionales para entender en qué medida son las más adecuadas para nuestro presente y para nuestro futuro, comprometernos a fortalecer lo que ya funciona y comenzar el cambio en las áreas en que sea necesario. Este ejercicio lo he hecho muchas veces con personas de todos los sectores y generaciones, tanto individualmente como en grupo, y siempre es poderoso. Con herramientas que lo convierten casi en un juego, descubrimos el grado de vitalidad de su sistema relacional, la importancia –o falta de ella– que le otorgan a sus vínculos, la tipología de las relaciones que suelen mantener[79], las consecuencias que eso tiene en sus resultados, las diferentes tácticas con las que tratan de influir en diversas personas y situaciones, y los pasos que tienen que dar para asegurarse de que sus vínculos son lo suficientemente sólidos –o susceptibles de serlo– para hacer frente a sus ambiciones.

En cuanto a los pasos apropiados para cultivar nuestra red, el primer paso clave es un análisis honesto de proporcionalidad de medios y fines, del grado de desarrollo de las relaciones clave y de su nivel de adecuación a nuestras necesidades, y de las tácticas, ideas y métodos que podemos poner en juego para movilizar cada una de ellas. En momentos fundamentales de cambio lo primero que tenemos que hacer es desarrollar un pequeño grupo de contactos clave, ya que según los estudiosos, las redes centrales efectivas suelen tener entre doce y dieciocho personas. Al emprender este proceso, y dependiendo de nuestros objetivos, deberíamos hacernos preguntas elementales sobre las personas de nuestra red para entender dónde están ubicadas, si deben estar dentro de nuestro equipo, unidad o empresa, o fuera de la organización, los beneficios que nos proporcionan nuestras interacciones con ellos y lo energizante o no de esas interacciones…, porque tener «positrones»[80] en nuestra red debe ser una prioridad más que nunca en los tiempos que corren. Al analizar nuestras relaciones nos damos cuenta de que las personas pueden brindarnos apoyo –y nosotros a ellas, si queremos que ese apoyo dure– de diferentes categorías. A veces se trata de información, apoyo político o influencia, otras de contribuciones a nuestro desarrollo personal, soporte personal y, a menudo de energía, inspiración para reforzar nuestro sentido de propósito o contribución, perspectiva o incluso ideas para hacer avanzar nuestros proyectos o

---

79   Una interesante aproximación al tema es el trabajo de Joan Quintana y Arnoldo Cisternas en su libro (2014) *Relaciones poderosas: vivir y convivir. Ver y ser vistos.* Editorial Kairós.

80   Hace tiempo que descubrí la diferencia sencilla pero poderosa entre «positrones» (personas dispuestas a contribuir, positivas, que en general buscan soluciones en vez de problemas y que nos aportan energía) y «negatrones» (o «vampiros organizacionales»… Creo que ya sabéis a quienes me refiero).

encontrar fórmulas para equilibrar trabajo y vida personal. Se trata de aseguramos de que contamos con -y aprendemos a cuidar a- personas que nos brindan beneficios de estas características dentro nuestra red.

El siguiente paso, necesario y fundamental, es hacer un *delayering*, tomando decisiones -seguramente difíciles en algún caso- sobre las personas de las que necesitamos alejarnos. En esta categoría entran personas diversas, empezando por las que nos quitan energía o espacio -como los jefes omnipresentes o los colaboradores jefe-dependientes, que consumen mucha energía y que pueden llegar a representar obstáculos para nuestras carreras y nuestro bienestar-, pero también las que muestran o promueven comportamientos competitivos, defensivos o poco saludables. Una vez creado el espacio en nuestra red, se trata de ocuparlo con las personas adecuadas. Es importante enfocarnos en personas positivas, enérgicas y desinteresadas, pero también capaces. Se trata de crear una red de personas «competentes y sociables»[81], que son los grandes contribuidores en las redes organizaciones y que deberían ser las personas que elijamos para ocupar los nodos importantes para que las cosas ocurran.

Querremos asegurarnos también de rodearnos de personas generosas con su conocimiento, su tiempo, su apoyo y su energía, los bienes corporativos más preciados de nuestro tiempo, y de que en nuestras redes haya algunos «donantes estratégicos»…[82] así como serlo nosotros también si queremos convertirnos en *transformers* con mayúscula. Al final lo que la investigación demuestra, y seguramente hemos experimentado, es que los grandes líderes tienen redes poderosas que usan de forma creativa, sin miedo a mezclar personas de mundos diversos, que las relaciones recíprocas tienden a ser más fructíferas y que los líderes

---

81   «*Competent Jerks, Lovable Fools, and the Formation of Social Networks*» by Tiziana Casciaro y Miguel Sousa. HBR junio 2005. Como nos recuerdan nuestros amigos de Harvard, trabajar con *lovable fools* (tontos adorables) es muy frustrante, y a los *competent jerks* (arrogantes competentes) solo les importa su propia agenda.

82   Adaptado de la terminología de Adam Grant, *Give and Take: Why Helping Others Drives Our Success*(2013). Penguin Books. «Donantes estratégicos» son las personas cuya postura de partida en la vida, en los proyectos, en las relaciones, es la de dar, pero que saben gestionar su generosidad con sabiduría y naturalidad, porque sin calcular entienden cuándo dar, a quién, cómo y a cambio de qué.

más exitosos siempre buscan formas de contribuir y apoyar a aquellos que pertenecen a su red.

Se trata pues de mantener nuestras «cuentas emocionales»[83] con las personas de nuestra red saneadas, de asegurarnos de que la estela que dejamos en otros es la que queremos dejar, y de tratar de fomentar relaciones de reciprocidad –aunque estén basadas en contribuciones diferentes–, y no de dependencia, nepotismo o victimismo. En otras palabras, de crear «relaciones entre adultos». De hecho, la reciprocidad es un aspecto descrito por la disciplina de la antropología cultural como característica fundamental de las sociedades humanas, aunque últimamente parecemos estarlo olvidando. Igualmente importante es no crear excesivo sentimiento de deuda en otros ni permitir que lo creen en nosotros, porque acumular favores no pedidos es a menudo una puerta hacia la manipulación.

En el fondo, el tema de las redes, tan complejo para algunos, es bastante intuitivo y mucho más sencillo de lo que parece. Para crear relaciones poderosas hacen falta generosidad y un genuino interés por el otro, unidos a un necesario análisis estratégico periódico que nos asegure la idoneidad de medios y fines, y que nos garantice que no resbalamos de la categoría de donantes estratégicos a la de «pringados».[84]

Y se trata, si queremos tener un impacto real en nuestras organizaciones y lograr grandes transformaciones, de asumir que la calidad, solidez, textura y diversidad de las relaciones es una parte fundamental de la cultura organizacional, y por tanto también responsabilidad de su cúpula, a cuya imagen y semejanza suele ceñirse el modelo relacional. Esta responsabilidad implica crear las condiciones para evitar los patrones de relación defensivos –incluso activamente negativos–, que en estos tiempos en los que «reina el cortisol» son más la norma que la excepción en muchas organizaciones, con consecuencias claras en términos de resultados, desde la pérdida de energía y oportunidades a las limitaciones a la capacidad para innovar… hasta incluso las pérdidas

---

83   Concepto que recoge Stephen R. Covey en *7 hábitos*.

84   Adaptado de nuevo de la terminología de Adam Grant. El habla de *doormats* o felpudos, pero me parece que la palabra «pringados» es mucho más gráfica.

económicas. Nuestro objetivo debe ser asegurarnos de tender puentes entre los grupos más pequeños y diversos y, entre líneas jerárquicas, organizacionales, funcionales y geográficas para que las relaciones den como resultado más aprendizaje, más innovación, mejores resultados, menos parcialidad en la toma de decisiones y un mayor crecimiento y equilibrio profesional y personal para nosotros y para nuestros colaboradores.

Cultivar la centralidad, convertirse en «hub»

Otro ejercicio poderoso que he tenido el privilegio de llevar a cabo, por ejemplo con directivos de Naciones Unidas en todo el mundo, es el descubrir nuestra posición en los sistemas a los que pertenecemos. La disciplina de teoría de redes, que tanto se ha desarrollado en los últimos años, arroja conclusiones muy interesantes. Partiendo de la representación del flujo de información en una organización expresado de forma gráfica, podemos descubrir qué personas son verdaderos nodos y tienen poder real, independientemente de su posición en el organigrama, y qué personas, por importante que pueda ser su posición nominalmente, son en realidad periféricas y por tanto no juegan un papel clave en la consecución de los resultados de la organización. Para poder influir tenemos que jugar necesariamente una posición más o menos explícita de *hub*. De lo contrario, puede que acumulemos información o tengamos una bonita tarjeta, pero nunca tendremos poder real[85]. Huelga decir que para convertirse en *hub* no basta con autonominarse, sino que tienen que ser los otros los que te elijan.

La centralidad en la red es fundamental para el éxito, independientemente del rango del directivo. Seguramente recordaréis la idea de los «seis grados de separación», en su día revolucionaria y hoy casi añe-

---

85   En este sentido merece la pena conocer el trabajo de, entre otros, Albert-László Barabá-si, matemático, que ha hecho interesantes investigaciones sobre la teoría de redes en sectores clave como el de la salud.

ja[86]. Básicamente lo que viene a decir es que dos personas diversas, por muy lejos que estén y muy distintos que sean los mundos a los que pertenecen, están siempre separadas por una media de seis grados de separación. Estos grados de separación se reducen considerablemente en el caso de los VIPs que saben usar su poder y, todavía más interesante, en el de aquellos que aún sin serlo han entendido la importancia de convertirse en *hubs*. Los directivos que no lo han hecho son aquellos que se quejan –cada vez más amargamente– de cómo van perdiendo poder, y de cómo ese poder ha ido a parar a manos de matrices más o menos explícitas o bien a las de otros jugadores que sí lo han entendido. El resultado es un proceso que concluye con aceptar posiciones en las que nos conformamos más a o menos conscientemente «con ir a tertulias y escribir cartas». Cultivar la centralidad es por tanto condición *sine qua non* para hacer el tránsito de *performers* a *transformers* y para convertirnos en agentes de cambio, empezando con las redes informales de la organización, hasta que podamos lograrla –a veces ni siquiera es tan importante, especialmente en culturas personalistas– en la jerarquía formal.

El otro cambio necesario es el paso de una red cohesiva a lo que los expertos llaman una «red puente»[87]. En una red cohesiva, las personas a las que estamos conectados más o menos sólidamente están a su vez conectadas entre sí, y esta cohesión conduce a altos niveles de confianza y apoyo, que son los que normalmente hacen sentir cómodas a las personas con una fuerte necesidad de afiliación. En este tipo de redes, la información y las ideas se contrastan a través de múltiples canales, lo que maximiza la comprensión y hace más fácil coordinar el grupo. Es también más probable que las personas sean predecibles en sus palabras y en sus acciones, porque las discrepancias se detectan –y castigan– fácilmente. En una red puente, por el contrario, estamos conectando a personas que no están conectadas entre sí y las certezas dejan de existir. Las personas que se manejan con soltura en estas redes de individuos desconectados son clave y en realidad las únicas

---

86   John Guare. *6 Degrees of Separation* (1990). Vintage.

87   Una gran experta en el tema es Herminia Ibarra, que en los últimos tiempos es parte del profesorado de INSEAD.

efectivas para llevar a cabo transformaciones de calado, mientras que aquellos con redes cohesivas estarán mucho más cómodos en el territorio de los cambios «acotados».

El que actuemos como *performers* o *transformers* tiene mucho que ver con una actitud de vida y con la pasión y el coraje con los que vivamos nuestras causas. Así, si hacemos caso a algunos expertos[88], crear un movimiento es bastante más fácil de lo que parece. Dicen que es el primer seguidor el que transforma a un loco en líder, así que se trata de encontrar a ese primer *follower* y ponérselo lo más fácil posible. Lo que también es importante entender es que es posible que los tiempos que estamos viviendo sean «más para la micropolítica que para la macropolítica», como subrayaba una gran mujer que tuvo un papel fundamental en la reforma educativa de su país para caer casi en el olvido con el cambio de Gobierno. Sin embargo, eso no nos exime de nuestra responsabilidad para seguir siendo parte de la solución y no del problema. Finalmente, influir puede tener que ver, dependiendo del momento y las circunstancias, con apoyar a movimientos o personas con los que unir fuerzas para sostener causas comunes de una manera inteligente, independientemente de quien se quede con el rédito o asuma los logros, como pronto entienden los grandes, mientras que otros a menudo no lo entienden nunca.

En resumen, la conquista del territorio de la influencia es un espacio ineludible de experimentación, crecimiento e impacto para un gran directivo, y acompañar a una persona que se prepara para abordar esta aventura representa un privilegio. Sin embargo, mucha gente todavía sigue intentando «mandar» (aún en formas extremadamente sofisticadas) y no ha decidido –o necesitado– darlo. Creo firmemente que nos estamos acercando a su fecha de caducidad.

---

88   Para tener una perspectiva refrescante sobre el tema, os recomiendo la charla TED de solo tres minutos de Derek Sivers: «*How To Start A Movement*».

LA CUESTIÓN DEL MEDIOAMBIENTE

*¿Y qué es la creatividad? Es ese equilibrio entre servir y
al mismo tiempo desafiar a quien sirves.*

RICHARD SENNETT

Conozco a Hernani Escobar desde el 2014, año en que lo tuve como «víctima» de un programa de desarrollo para directivos de su organización, a la que yo conozco como UNFCCC y que en español es la Secretaría de la Convención Marco de Naciones Unidas sobre el Cambio Climático. Hernani me conquistó desde el primer momento: «joven-sabio»[89], una condición desafortunadamente muy escasa en los tiempos que corren –en su caso confirmada por su edad cronológica, aunque en mi experiencia independiente de la edad–, inteligente, sensible, comprometido… y con una mirada del mundo literalmente sin fronteras. Hijo de diplomáticos venezolanos, Hernani ha tenido una trayectoria brillante, que comenzó como diplomático de carrera en la Cancillería venezolana, donde casi desde el principio se dedicó a temas relacionados con cuestiones ambientales.

Hombre de mundo y agenda grande, la Cancillería se le quedó corta y se vino a Europa a explorar nuevos territorios. Empezó por Alemania, donde comenzó estudiando para acabar trabajando por esos caprichos que a veces tiene el destino en la oficina de la ONU en Bonn, una

---

89   Joven-sabio: dícese de una persona que ha entendido la esencia de la vida y aprendido a vivir desde ahí. Exhibe cualidades como la lucidez, la frescura, el sentido del humor, y la conciencia de lo poco que es importante y de lo mucho que no lo es. Cualidad que no se adquiere necesariamente con la edad, pero que por otra parte es la mejor manera de desafiarla, porque, como decía Mark Twain, «la edad es una interpretación de la mente sobre la materia. Si no te importa, no importa».

oficina de casi mil personas, casi todas dedicadas a temáticas relacionadas con el cambio ambiental y donde está la Secretaría (UNFCCC), en la que comenzó a colaborar en el 2009 y cuya principal misión es la estabilización de las emisiones de gases de efecto invernadero para impedir la interferencia perjudicial de los seres humanos en el sistema climático. Hernani fue la mano derecha de su entonces secretaria ejecutiva, Christiana Figueres, durante un periodo fundamental que tuvo su punto álgido en la firma del Acuerdo de París. Pasó después un tiempo en Nueva York, en la oficina de António Gutérres, secretario general de las Naciones Unidas desde el 2017, de cuyo equipo de transición formó parte, y donde después ha vuelto como miembro del Equipo de Acción Climática.

Hernani lleva muchos años dedicado a colaborar en la búsqueda de soluciones para temas medioambientales y a contribuir a su aceptación por parte de los gobiernos de los distintos países del mundo. Mención especial merece el Acuerdo de París, firmado en abril de 2016, que entró en vigor en noviembre de ese mismo año, tras obtener la ratificación de más de 195 países. Fue sin duda uno de los grandes logros del multilateralismo de los últimos diez años y, como dice Hernani, demostró que el mundo se puede poner de acuerdo y que los países, cuando se lo proponen, pueden trabajar juntos para el bien común. Sirvió para que todos renováramos la fe y la confianza en el sistema, y demostró que a pesar de las críticas y sus imperfecciones, necesitamos hoy más que nunca organismos internacionales sólidos y eficientes que creen espacios logítimos de encuentro y acuerdo entre los actores relevantes para temas que, como el medioambiente, son fundamentales para el futuro de la humanidad. Organismos ojalá conformados por una mayoría de personas que piensen en grande, suban el listón de las ambiciones de los actores involucrados, sigan adelante sin acomodarse ni volverse cínicas y entiendan que la decisión última de actuar en temas de este calado, donde se necesita alcanzar acuerdos conjuntos, es de los Estados.

El Acuerdo de París no fue un acuerdo cualquiera. Tiene cláusulas de ambición, lo que significa que cada nación tiene que incrementar su contribución a medida que pasan los años y fijarse además cada cinco años nuevas metas que nunca pueden ser inferiores a las anteriores. Por otra parte fue una conquista fundamental en un camino espinoso, pero no un logro definitivo, como lo demuestra por ejemplo el hecho de que el Gobierno de Donald Trump decidiera salir de él hasta que Joe Biden, en su primer día en el cargo como nuevo presidente, firmó órdenes ejecutivas para que Estados Unidos se reincorporara al acuerdo.

La decisión de Trump representó un gran golpe, sobre todo desde un punto de vista político, ya que en su momento fue precisamente el liderazgo de Estados Unidos, junto con el de China, un factor determinantes para lograrlo. Sin embargo, no tuvo consecuencias tan graves como se pudo pensar, porque gran parte de las acciones necesarias a efectos del cambio climático no están en manos de los Estados. De hecho, la decisión de dejar el Acuerdo de París generó en su momento un movimiento sin precedentes conocido como *We are still in,* que reúne a más de mil instituciones, universidades, centros de investigación, multinacionales, ONGs y gobiernos locales. Un movimiento que convive con el seísmo creado por Greta Thunberg, icono de la lucha contra el cambio climático y a la que siguen miles de jóvenes de todo el mundo preocupados por su futuro. Greta impulsó *Fridays For Future,* una iniciativa que reúne a muchos estudiantes todos los viernes en distintos lugares del mundo y que en 2019 se vio reforzada por la creación de Juventud por el Clima, una plataforma digital que surgió para coordinar estas protestas estudiantiles y cuyo objetivo es concienciar a la sociedad sobre el cambio climático y exigir a los gobiernos que actúen contra sus efectos.

Por lo demás, es tan evidente que el mundo va hacia un desarrollo de las energías alternativas que muchos países ya están aplicando nuevas leyes y las grandes empresas están invirtiendo millones en nuevas tecnologías. Eso sin entrar siquiera en lo que ha quedado patente durante la crisis del coronavirus, cuando por fin hemos podido darle al planeta un respiro. Se trata de una corriente imparable y el mercado se ha dado cuenta y está reaccionando en consecuencia. El futuro, pues, pasa por que entre todos soñemos en grande, mostrando lo que es posible, acrecentando nuestras ambiciones y empujando a nuestros países a que aumenten las suyas, aunque cada uno progrese por caminos singulares. Se trata por tanto de un territorio en el que la estrategia de acción es por excelencia la de la influencia, y en el que el respeto por el proceso y los medios de cada actor relevante en el sistema mundial debe convivir en la misma medida con el fomento, el fortalecimiento y la redefinición de la ambición colectiva.

Y justo en este proceso anda Hernani, que ha alternado posiciones en la Secretaría con su labor en el Equipo de Acción Climática creado por el secretario general de Naciones Unidas, António Gutérres, cuya ambición en torno al cambio climático le llevó a crear un equipo de profesionales con experiencia y trayectorias muy amplias. Entre sus responsabilidades ha estado el articular el trabajo de todos los actores de la Alianza por la Acción Climática. Se trata de promover una profunda transformación hacia una emisión neta cero de CO2, lo cual requiere la movilización de actores de todos los segmentos de la sociedad, incluyendo regiones, ciudades, empresas e inversores junto a los Estados miembros. El movilizar alianzas entre estos actores es justamente el trabajo que ha estado haciendo Hernani desde ese equipo dedicado a influir poderosamente para crear un futuro distinto para todos. Para Hernani ese futuro pasa por que Naciones Unidas a través de sus diferentes agencias e iniciativas actúe como un *hub*, un espacio de *honest brokerage* para fomentar acuerdos entre países, regiones, ciudades, empresas e inversores, pero también con la sociedad civil, las universidades y los centros de investigación... Un espacio desde el que contribuir a un cambio de paradigma a todos los niveles y seguir logrando avances en un tema clave para nuestra supervivencia.

Hernani entendió pronto su causa y la defiende con pasión, y lleva mucho tiempo viviendo desde la influencia. Lo que más aprecio de él es su serenidad, la responsabilidad con la que enfrenta su rol, la capacidad de ver más allá de lo obvio e inmediato, y su voluntad de promover el liderazgo y la acción colectiva, mostrando que sí se puede e impulsando acciones y ambiciones cada vez mayores. También su optimismo inteligente, su disposición a funcionar como nodo en la «red de la esperanza» sin estar preocupado por «salir en la foto» y el orgullo con el que desempeña su papel de activista desde la perspectiva de ser cola de león y no cabeza de ratón... Porque a menudo esa es la forma de influir en mayúsculas. Y finalmente, el haber entendido muy pronto en el camino que, como le decía su madre, «el sentido más importante es el sentido de la oportunidad».

EXPANDE TU CÍRCULO DE INFLUENCIA

Las cosas de la vida siguen su rumbo, pero no te dejes llevar por su destino.

GABRIELA MISTRAL

CÍRCULO DE INFLUENCIA

Covey, Stephen R. (2015). *Los 7 hábitos de la gente altamente efectiva.* Booket.

Creo que de todos los conceptos conocidos de la disciplina del *management*, el que más veces he compartido y explicado en mi vida es la noción de «círculo de influencia» de Stephen Covey[90]. Lo he dibujado en servilletas por el mundo entero, lo he explicado y desgranado en talleres y conferencias con audiencias de todas las edades y culturas –desde científicos extremadamente racionales a personas de mundos mucho más esotéricos–, lo he comentado con amigos y amigas en apuros… y ha acabado convirtiéndose en pieza fundamental de los puzles de muchos de ellos.

El concepto pertenece al primero de los «7 hábitos» de Covey, la proactividad, término que, aunque ahora nos suene a palabra común, hemos empezado a usar solo recientemente y que a muchos aún nos cuesta entender. La proactividad tiene que ver con tomar la iniciativa, asumiendo la responsabilidad de nuestras propias vidas y asegurarnos de que nuestro comportamiento es función de nuestros valores y de nuestras decisiones y no fruto de las circunstancias, del contexto o de cualquier otra condición que nos venga dada. Implica reconocer que en todo momento nuestra conducta puede –y debe– ser producto de una elección consciente, y no básicamente el resultado de «lo que pasa». También de aceptar la responsabilidad de que lo que sucede es consecuencia de nuestras decisiones, en lugar de otorgar de forma más o menos consciente a otras personas o a las circunstancias el poder de controlarnos.

La forma en la que suelo explicar este concepto es en cierto modo una reinterpretación de la idea de Covey. La idea básica es que cualquier situación, problema o circunstancia pertenece a una de las tres áreas que aparecen representadas en los círculos concéntricos:

1. *El círculo de control*, que tiene que ver con todo aquello sobre lo que podemos tener un impacto directo, y que básicamente se circunscribe –con suerte– a nuestra propia conducta,

---

90   Covey, Stephen R. (2011). *7 hábitos de la gente altamente efectiva*. Paidós Ibérica. A estas alturas ya sabéis de qué libro os hablo.

2. *El círculo de influencia*, representado por el área contigua, donde dejamos de tener el control directo y nos aventuramos en el territorio, a menudo complejo, de influir o persuadir a otras personas de formas diversas y ampliando nuestro repertorio de técnicas, y

3. *El círculo de preocupación*, centrado en circunstancias, situaciones y problemas acerca de los cuales no podemos hacer nada, porque son ajenos a nuestra posible influencia, porque tienen que ver con el pasado o porque no tienen solución –al menos de momento–, o no está en nuestra mano abordarlos.

Estos tres círculos están relacionados, y el que su superficie crezca o decrezca depende de la atención, el tiempo y la energía que dediquemos a las dimensiones que los ocupan. Desde mi experiencia, los grandes directivos y directivas viven en la influencia, y sus círculos así lo demuestran. A menudo, como ya hemos comentado, han llegado adonde están ejerciendo el control y asegurándose de gestionar los temas que pertenecen a esa área de forma impecable, y llegado el momento no permiten que el pasado los limite y son capaces de dar el salto –que tienen que sentir, para serlo de verdad, como un cambio exponencial– y transitar hacia el siguiente círculo. Esto supone estar durante algún tiempo fuera de su zona de control, aprender nuevas sutilezas e incorporar a su repertorio nuevos métodos y herramientas de influencia en lugar de continuar tratando de usar métodos de control más o menos sofisticados para ordenar las circunstancias, limitando con esa actitud sus posibilidades y las de sus equipos y organizaciones.

Supone también dedicarle la menor atención, tiempo y energía posibles a los eventos, circunstancias y problemas sobre los que no podemos tener ninguna influencia y que están claramente en el círculo de preocupación. Solo las personas reactivas centran sus esfuerzos en el círculo de preocupación. Son esas personas de las que queremos huir cuando nos las encontramos por el pasillo, y que siempre tienen la mirada puesta en los defectos de otras personas y en los problemas de los proyectos, los equipos y el entorno, así como en todo tipo circunstancias respecto de las cuales no tienen ningún control pero de las que se quejan constantemente. Estas personas suelen hablar de culpas y culpables, utilizando un lenguaje adecuado a esas temáticas y viven a menudo con un sentimiento de impotencia y victimismo más o menos disimulado. La energía negativa generada por ese foco, combinada con la desatención del círculo de control, y sobre todo del de influencia, nos «encoje» la vida y acaba, si no tenemos cuidado, volviéndonos tóxicos.

Todos nos tenemos que permitir en algún momento tener miedo a soltar el control o pasar una semana –no mucho más– «chapoteando» en el círculo de preocupación, pero si queremos tener existencias plenas, merecer posiciones de liderazgo, realizar nuestro potencial y contribuir a que otros puedan hacer lo mismo, es necesario pasar la mayor parte de nuestro tiempo en el círculo de influencia y aprender a vivir en la «zona mágica».

Aún recuerdo a una de mis *coachees*, Béatrice, abogada de éxito de origen africano con la que trabajé hace unos años. Como parte de un programa de desarrollo directivo al que estaba asistiendo, sus jefes (tenía dos, con visiones, por cierto, totalmente diferentes), sus subordinados y sus pares participaron en su evaluación 360[91], en la que, como parte del ejercicio, ella también se autoevaluaba. Mi responsabilidad, en el contexto de nuestra relación de *coaching*, era entre otras cosas la de ayudarla a interpretar los resultados de esa evaluación y a crear un plan de aprendizaje y desarrollo que tenía que servir como marco del trabajo que haríamos juntas en los meses siguientes.

He revisado y hecho devoluciones de muchas evaluaciones 360 a lo largo de mi vida (diría que más de quinientas), y creo que estoy curada de espanto, pero tengo que confesar que aquella fue una de las más duras que recuerdo. Habían transcurrido unos seis meses desde su promoción y Béatrice había pasado básicamente de ser una abogada brillante

---

91 Aunque estoy segura de que conocéis el tema, me permito mencionar que una evaluación 360º es una herramienta usada habitualmente para medir las competencias de los líderes de una organización, que incorpora las opiniones de un grupo diverso de personas que tienen relación con el evaluado (pares, clientes internos, colaboradores y jefes). Con este tipo de evaluación se solicita retroalimentación sobre su desempeño en las competencias clave del puesto. Casi todas las grandes empresas aplican algún instrumento de valoración de este tipo.

y reconocida por todos en la institución en la que llevaba trabajando casi siete años a convertirse en una directiva claramente mediocre. A juzgar por las puntuaciones que le otorgaban en las distintas competencias directivas, pero sobre todo a partir de los comentarios, exquisitamente mordaces –y redactados por cierto en un inglés impecable–, de sus evaluadores, Béatrice no solo estaba tratando de micro-gestionar a su equipo –formado en gran parte por sus excolegas, con los que había competido para ser promocionada–, sino que además parecía haber perdido completamente de vista la agenda institucional. Para agravar las cosas, parecía mostrar serias dificultades para «jugar el juego» o influir, y dedicaba su tiempo y sus esfuerzos a transitar del control a la preocupación, sin visitar en ningún momento la zona virtuosa de la influencia.

Al preparar la conversación me auguraba una situación difícil y dediqué mucha energía a pensar cómo convertir aquel varapalo en una herramienta útil para una sesión productiva. En la sesión, y después de un buen rato de análisis y debate, en el que a pesar de mis esfuerzos no logré que bajara sus barreras, cuando se suponía que estábamos a punto de terminar, decidí encomendarme a los santos patronos del *coaching* y pensé que lo mejor era ir directamente a la yugular para tratar de abrir un boquete. Para lograrlo, le pregunté en el tono más neutro del que fui capaz cómo explicaba ella la diferencia entre su autoevaluación y la evaluación del resto de personas, casi veinte, que habían participado en el ejercicio, y que en todos los casos estaba sustancialmente por debajo de la suya. Su respuesta fue: «Es que todavía no me conocen lo suficiente». Mi reacción fue el silencio más absoluto, porque la verdad es que, a pesar de estar supuestamente curtida en estas lides, no sabía qué decir. No ayudaba el estar hablando por teléfono, porque aquel día –como tantos otros– la conexión vía Internet con el país en el que estaba no nos había permitido comunicarnos de otra manera ni vernos las caras. Pasados unos segundos escuché al otro lado una larga carcajada tan contagiosa que yo también me reí… y seguí en silencio, aún sin saber qué decir, y sobre todo intentando no destruir con mi impaciencia el momento de presencia que estábamos viviendo.

Aquel día Béatrice y yo abrimos un paréntesis en el espacio y el tiempo y trabajamos durante casi dos horas sentando las bases de un «Plan de Influencia con Mayúsculas» –así lo llamamos– para sus siguientes dos años en el cargo… y comenzamos una relación por la que sigo extremadamente agradecida y que dura desde entonces. El año siguiente su evaluación fue brillante, dos años más tarde fue promocionada, y hoy juega un papel fundamental en su organización al más alto nivel y es una persona tremendamente influyente en su disciplina, con logros humanitarios y políticos de alto calado.

Me siento enormemente orgullosa de sus logros y feliz por haber trabajado con ella de cerca y por haberla visto florecer. Nunca olvidaré que todo comenzó con una carcajada y con una explicación del círculo de influencia, que sentí un poco torpe y a la que le faltaban matices, porque no tenía a mano ni una cámara ni una servilleta. Gracias, señor Covey; espero que reciba este homenaje allí donde esté.

VIVE EN LA INFLUENCIA

Es el momento de analizar cuál es el territorio donde te sitúas habitualmente respecto a la influencia y decidir si hay que cambiar algo. Ojalá estas preguntas puedan llevarte en esa dirección.

1. ¿En qué áreas de tu vida sientes que quieres estar al mando? ¿A qué estás dispuesto para conseguirlo? ¿En cuáles sientes que ya has hecho un salto cuántico? ¿Cuáles fueron los resultados?

2. ¿Dónde te está costando soltar el control? ¿En qué momentos has salido del territorio del control para vivir en la influencia? ¿Cuáles han sido las consecuencias? ¿Cuál es el próximo paso en ese camino?

3. Haz un análisis (sincero y sin falsa modestia) de tus fuentes de poder personal y organizacional.

4. Entre los tres vértices del triángulo de Aristóteles (*logos, pathos, ethos*), ¿cuál es tu mayor fortaleza? ¿Cuál tu área de crecimiento?

5. De todas las tácticas de influencia que hemos revisado, ¿en cuáles es necesario que aumentes tu repertorio para lograr resultados más allá de lo incremental?

6. Haz un análisis de tu red pensando en el proyecto más importante que quieras abordar en el futuro próximo. ¿Cuántas personas clave pertenecen a ella? ¿Qué tipo de relaciones mantienes con esas personas? ¿Son lo suficientemente sólidas para poder llevar a cabo tus objetivos? ¿Qué pasos puedes dar para optimizar tu red?

6

PRACTICA UN LIDERAZGO GENEROSO

6

PRACTICA UN LIDERAZGO GENEROSO

Toda la dicha que hay en este mundo proviene de desear que los demás sean felices, y todo el sufrimiento de desear ser feliz yo.

KALSANG YESHI [92]

Los tiempos exigen de quienes tenemos la vocación de tener un papel determinante en nuestros propios destinos, y aún más si aspiramos a tenerlo en los de otros, que vivamos desde la valentía, la generosidad y el coraje. Sin embargo, podría parecer que estamos viviendo una invasión de *free-riders* en lugares prominentes de nuestras instituciones y organizaciones[93]. Se trata de esos individuos que viven centrados en su agenda –con minúsculas– en detrimento de la de sus instituciones u organizaciones y que no se plantean siquiera abordar acciones transformadoras que no sean meras «externalidades positivas» de esta. Estos personajes promueven culturas –que alimentan y perpetúan– donde la generosidad no es la moneda de cambio habitual, donde ser singular suele estar penalizado y donde se premia la fidelidad a los mayores y el remar con la corriente.

---

92   Kalsang Yeshi, *Kamaljit Kour: «Remembering a Past Life»*, en Dreloma, número 12, Nueva Delhi, junio 1984.

93   Expresión del inglés utilizada en economía para referirse a aquellos consumidores de bienes o servicios indivisibles –sobre todo públicos– que se benefician de ellos sin pagar contraprestación alguna. En español se denomina también «problema del polizón». Dicho en otras palabras, este problema surge cuando una persona (el *free-rider* o polizón) trata de recibir un beneficio por utilizar un bien o servicio sin pagar por él.

Como consecuencia, los librepensadores, especialmente los de agenda grande, cuando ascienden la pirámide ya transformados en seres discernientes, con frecuencia se ven impelidos a saltar. Y cuando no dan el salto, por muchas razones sin duda poderosas, aunque a veces sea por falta de valentía para expresar su verdad a tiempo, conscientes del potencial que se han dejado por exponer, a menudo se vuelven ácidos y se sienten despechados. Y yo creo profundamente que no tendría por qué ser así, y que los tiempos representan una oportunidad, casi una obligación, de buscar formas de aprovechar con sabiduría todo ese potencial, y de sustituir el concepto narcisista de éxito por el de contribución, una contribución que incluya el bienestar de otros, de más otros a medida que avancemos en el camino.

Los donantes estratégicos

Ya he hablado de Adam Grant, profesor estrella de Wharton, destacado *influencer* en la disciplina del management y reputado conferenciante. Su libro *Give and Take*[94] supuso para mí en su día una especie de revelación, porque vino a confirmarme -así suelen funcionar las revelaciones- algo que siempre he sabido, pero que desafía la lógica al uso: lo que necesitan las organizaciones para tener éxito, especialmente en los tiempos que vivimos, es reconocer y recompensar a las personas que abordan sus relaciones y transacciones con generosidad y con la mira puesta en contribuir a la agenda común... y no a «las otras» -ya sabéis a quiénes me refiero-, y darles la libertad para crear y actuar. No estoy hablando de lo que yo llamo «pringados» -y Grant denomina *doormats*; ya conocéis la terminología-, es decir, los que dan -o damos, ojalá os hayáis sentido pocas veces así- indiscriminadamente y sin entender el valor de lo que ofrecen o la importancia de poner límites. Hablo de los *otherish givers*, que yo llamo «donantes estratégicos»: los que saben gestionar su generosidad, buscando oportunidades de alinear su agenda y la agenda común, y haciéndose las preguntas correctas de manera

---

94   Grant, Adam (2013). *Give and Take: Why Helping Others Drives Our Success*. Penguin Books.

natural para poder invertir recursos y energía con sabiduría. Personas que sin calcular entienden cuándo dar, a quién, cómo y a cambio de qué… y que abordan sus transacciones sabiendo que tendrán un efecto multiplicador y que de alguna forma serán recompensados, aunque tal vez no sea en el corto plazo ni mucho menos por las mismas personas a las que dan.

Los mejores directivos que conozco son sin duda donantes estratégicos, y desde esa posición han sido y son capaces de cambiar los destinos de sus equipos y sus organizaciones, y de lograr niveles de compromiso y productividad imposibles para un receptor (o *taker*), siempre al servicio de su propia agenda y preocupado por lo que otros pueden hacer por él. Tampoco para los equilibradores (o *matchers*), que andan siempre haciendo cuentas entre lo que dan y lo que reciben. Cuando veo muchos receptores (a menudo disfrazados de falsos donantes) campando por sus fueros y sin consecuencias negativas aparentes en las capas altas de las organizaciones, me queda claro que –lo he visto ya muchas veces– la organización pagará su desidia y su falta de visión estratégica o de valentía para ponerlos en su lugar –es decir, idealmente fuera– a medio y largo plazo. Y hasta que eso ocurra serán responsables de paranoias, conflictos, sabotajes y oportunidades perdidas… e incluso, en casos extremos, de provocar la implosión de sus propias organizaciones, instituciones o hasta países, en la ciega persecución de sus propios planes.

La generosidad como círculo virtuoso

Son tiempos por tanto para poner de moda la generosidad estratégica y asegurarnos de que creamos los mecanismos en nuestras culturas organizacionales para que esta sea la norma y no la excepción. Estimular esa generosidad y apoyar a los que piensan distinto en lugar de premiar a los que nos son fieles creará el caldo de cultivo necesario para los cambios que nuestras organizaciones e instituciones necesitan y que creo estamos cerca de no poder posponer más. Si queremos empresas, instituciones, países… sólidos y competitivos a largo plazo y preparados para descubrir y crear oportunidades en el futuro que vendrá, las culturas defensivas y de «silos», hoy tan comunes, no pueden ser el camino.

Intentando entender mejor el concepto de generosidad en su acepción más contemporánea y aplicable a las organizaciones, se me apareció el trabajo de dos profesores norteamericanos que han desarrollado una Iniciativa sobre la «ciencia de la generosidad»[95]. Descubrí que el término generosidad deriva del latín *generosus*, que significa «de noble cuna», y de hecho hasta tiempos recientes la generosidad se consideraba característica propia de personas especiales, más como un ideal al que aspirar que como una virtud que todos los seres humanos deberíamos practicar. Los autores la describen como «la virtud de dar cosas buenas a los demás libremente y en abundancia». Su definición comprende tanto la disposición para dar como la práctica de dar, e incluye un matiz importante que hace alusión a que lo que damos tiene que ser beneficioso para el que lo recibe. Distinguen también la generosidad del puro altruismo, afirmando que las personas pueden ser generosas por razones que sirvan a sus propios intereses al tiempo que a los de los demás… lo que confirma que el asunto va sin duda de ser donantes estratégicos.

Conclusión clave de su análisis en la que todas las tradiciones están de acuerdo es que la generosidad es en cierto modo paradójica, porque aquellos que dan reciben a su vez. Y precisamente esta generosidad paradójica es la que deberíamos impulsar en las organizaciones, donde tendríamos que ser capaces de construir juegos de «ganar-ganar», y eliminar al máximo los binomios «tú ganas yo pierdo». Se trata de convertir la generosidad en un círculo virtuoso, para que cuanto más den las personas generosas, más reciban. En ocasiones puede tratarse de bienes organizacionales, como información y conocimiento, recursos,

---

95   Christian Smith y Hilary Davidson, del Departamento de Sociología de la Universidad de Notre Dame. En su libro *The Paradox of Generosity. Giving We Receive, Grasping We Lose* (Oxford University Press, 2014), comparten sus aprendizajes en torno a un estudio sobre la generosidad.

tiempo y energía, atención, acompañamiento y apoyo o reconocimiento. Lo paradójico es que a menudo lo que reciben las personas como contrapartida es más valioso que lo que comparten. En general las personas dicen recibir –además de versiones de los bienes anteriores– un sentimiento o sensación de: 1) felicidad (en una relación no solo consistente sino estadísticamente significativa); 2) bienestar, incluyendo una percepción de mejora en la salud física; 3) sentimiento de pertenencia y propósito; y 4) crecimiento personal y mayor preocupación por su propio desarrollo.

Una poderosa estrategia para fomentar entornos de ganar-ganar y para desarrollar círculos virtuosos es la de crear culturas y herramientas de gestión centradas en que las personas puedan expresar sus fortalezas en su trabajo. Después de años aplicando en las organizaciones con las que trabajo la metodología y herramientas de Gallup[96], mi conclusión es que trabajar desde las fortalezas no solo maximiza el compromiso y la contribución de las personas –según los expertos de Gallup puede multiplicarla por seis–, sino que puede llegar a cambiar completamente su perspectiva. Las personas que mayores contribuciones hacen a sus organizaciones, y las más estratégicas, han entendido que «su mayor potencial está en sus áreas de fortaleza, y que su responsabilidad es expresarlas para tener vidas poderosas». Se convierten por tanto en expertos en esas fortalezas, identificando y potenciando lo que les hace especiales y distintos y explotándolo al máximo para lograr un desempeño excelente… y se aseguran de extender esa estrategia a sus equipos y colaboradores, adoptándola como *modus operandi* en sus organizaciones.

De hecho, los directivos más capaces que conozco han salido del «modo debilidad» y de la falacia de que se puede hacer todo bien con entrenamiento, y han entendido que solo serán capaces de lograr su máximo potencial y el de sus organizaciones partiendo de fortalezas y ventajas comparativas. Como resultado su foco está en hacer coincidir

---

96   Gallup es una organización de investigación de Recursos Humanos pionera en proponer sistemas y herramientas de gestión de las personas basados en sus fortalezas. Para explorar el uso de vuestras fortalezas y las de vuestros colaboradores como ventaja comparativa en vuestras organizaciones, podéis empezar por *Now, Discover Your Strengths* de Marcus Buckingham y Donald O. Clifton. Simon & Schuster Ltd. 2001.

estrategias, iniciativas, roles y responsabilidades con ventajas comparativas, potencial y fortalezas. Esto no implica dejar de lado el análisis de las debilidades o áreas de mejora para seguir creciendo, tanto a nivel organizacional como respecto de los equipos y las personas. Se trata más bien de reconocer y comprender desde una perspectiva sistémica las debilidades de organizaciones, equipos y personas para analizar las que pueden ser fatales para el presente y para el futuro, superándolas cuando sea posible y combatiéndolas con una alianza de fortalezas hasta hacerlas irrelevantes cuando no lo sea[97].

Se trata pues de lograr un cambio de perspectiva para liderar desde este paradigma, convirtiéndolo en método de definición de misión y estrategias, en procedimiento de determinación de objetivos y planes y en herramienta de gestión y desarrollo de personas. Es decir, de adoptarlo como «forma de vida». Esto implica haber entendido -qué lejos estamos todavía de eso- que la diversidad en todas sus formas es un factor extremadamente competitivo para una organización, y que, con la mira puesta en un punto del camino entre el corto y el largo plazo, la gestión basada en la confianza y el empoderamiento de las personas es la mejor forma de atraer y retener a los mejores, maximizar su contribución y construir futuros brillantes.

Este cambio de perspectiva es especialmente necesario en estos tiempos revueltos, en los que abunda el miedo en las organizaciones, incluso, como ya hemos comentado, en aquellas que teóricamente se dedican a «cambiar el mundo». Se trata de superar la preocupación por nuestros pequeños futuros, nuestro estatus, salario, promoción o pensión, para poder poner en juego la mejor versión de nosotros mismos y crear entornos donde otros puedan hacerlo. Y de entender que para lograr algo verdaderamente relevante en una organización, antes tenemos que haber cultivado un cierto grado de libertad interna y una cierta seguridad en nosotros mismos. Esa seguridad psicológica para poder ser, hacer, dar... es un prerrequisito para la generosidad, porque

---

97 Eso sostiene Michael E. Porter, uno de los mayores gurús de la competitividad, cuando habla sobre la importancia de crear alianzas de fortalezas. Como referencia, un artículo de Harvard Business Review que es un clásico y aguanta muy bien el paso del tiempo: «How Competitive Forces Shape Strategy». HBR. 1979.

solo las personas seguras son de verdad generosas. Seguridad y generosidad están además unidas virtuosamente a nuestro sentido, porque lo que estemos o no dispuestos a hacer en cada momento dependerá en gran medida, como ya vimos, de que hayamos descubierto nuestras causas y elegido defenderlas.

Ya he mencionado anteriormente el programa de desarrollo directivo para la Secretaría de Naciones Unidas en el que colaboré. Ese programa, por el que pasaron más de diez mil personas en todo el mundo, se basaba precisamente en el paradigma del liderazgo apreciativo. Al modelo de gestión por fortalezas que propone Gallup, el programa añadía algunas herramientas fundamentales de este paradigma, como la metodología de indagación apreciativa, (en inglés *Appreciative Inquiry*), una herramienta para liderar el cambio estratégico y el crecimiento sostenible en las organizaciones originada en la Case Western Reserve University a partir del trabajo de David Cooperrider y su equipo[98]. Se trata de involucrar a las personas de una organización –a todo el sistema– en el intento de descubrir el «core positivo», es decir, lo que funciona bien, para potenciarlo, revitalizarlo y convertirlo en la base para abordar transformaciones culturales, definir estrategias y alianzas de futuro y desarrollar a los equipos y las personas. Esta metodología, utilizada con éxito por Cooperrider en iniciativas de cambio tan importantes como la de la reforma del sistema de salud en California, y cuya efectividad he comprobado en primera persona en proyectos a menor escala, está basada en la premisa de que las organizaciones –y las personas– cambian en función de las preguntas que se hacen.

Cuando nos enfocamos en problemas y dificultades obtenemos más de lo mismo, mientras que aquellas organizaciones que intentan descubrir lo mejor de sí mismas pueden abordar transformaciones fundamentales partiendo de esa base y de la energía que se genera. Clave es también el construir imágenes y relatos de futuro compartidos que hagan que la organización y las personas se muevan en la dirección de sus logros y su fuerza vital. Tanto como desarrollar el hábito mental de

---

98   Una perspectiva tremendamente interesante que os recomiendo explorar. Un buen libro para empezar puede ser *Appreciative Inquiry: A Positive Revolution in Change*, de David Cooperrider y Diana Whitney. 2005. McGraw–Hill Education.

enfocarse en generar posibilidades en lugar de quedarnos anclados en el realismo, tan a menudo esgrimido como excusa para la inercia, o, peor aún, en el cinismo[99].

Una vuelta más a la generosidad: el acompañamiento a otros

Otra pieza clave para poner en funcionamiento el círculo virtuoso de la generosidad organizacional es la creación y puesta en marcha de sistemas de gestión que promuevan y valoren el acompañamiento a otros en su desarrollo y en la expresión de su potencial como contribución clave para todas las personas de la organización, especialmente sus directivos. Será por eso por lo que me parece poco inteligente que esta forma de operar, tan fundamental para el éxito presente y futuro de las organizaciones, sea la excepción y no la norma en estos tiempos de cambio constante.

Aún recuerdo mi primer trabajo, recién licenciada de la universidad, en el departamento de Recursos Humanos de Procter & Gamble en España, una organización en la que estuve más de siete años y donde aprendí mucho y desarrollé las bases sobre las que construir gran parte de lo que vino después. Mi poca experiencia hizo que en aquel momento pensara que algunas de las cosas que viví, como la alta concentración de talento, la preponderancia de una cultura fundamentalmente meritocrática o la importancia dada a la contribución al crecimiento de la organización (50 % de los logros en cualquier evaluación, especialmente de los directivos) de cara a temas clave como la compensación, el potencial o las futuras oportunidades de desarrollo eran la norma. La vida se encargó de mostrarme lo contrario y hoy diría que justamente la falta de importancia y de reconocimiento otorgado al papel de los directivos de las organizaciones, independientemente de su nivel, como desarrolladores de otros –más allá de lo que aparezca nominalmente en

---

99   Mi conclusión en este sentido y después de muchos años es, como decía Winston Churchill, que es mejor ser optimista, porque «no parece muy útil ser otra cosa».

nuestros modelos de gestión- es una de las grandes limitaciones a las que se enfrentan muchas organizaciones.

Tengo la convicción de que el acompañamiento de otros en todas sus formas, desde el inherente a la relación entre jefe y subordinado al que se da en relaciones de mentoría más o menos formal o en procesos de *coaching* interno, es posiblemente la contribución más importante que un directivo puede hacer al futuro de la organización. De hecho, el acompañamiento aparece mencionado invariablemente en todos los estudios relevantes[100] entre los factores clave que posibilitan el éxito de las personas, contribuyendo de forma fundamental a acelerar su aprendizaje y maximizar su desempeño. Jugar el papel de referente para otros, empleando sabias dosis de «amor y caña»[101] y guiándolos en la búsqueda de sus propios caminos es sin duda la mejor de las causas posibles y una aportación fundamental a nuestros colaboradores y organizaciones. Además, y como ya hemos mencionado, tiene externalidades positivas fundamentales tanto en términos de nuestro propio bienestar como en el refuerzo de la conexión con nuestro sentido. Será por eso por lo que cuando trabajo el tema de referentes con grupos o individuos siempre aparece junto a los maestros y profesores algún antiguo jefe, mentor o *coach* entre quienes han sido y a menudo siguen siendo elementos fundamentales en el camino que nos ha llevado a ser las personas y los profesionales que hoy somos.

Se trata por tanto de promover culturas donde generosidad y sentido (o causa, en el lenguaje que ya compartimos) vayan paralelos y se refuercen mutuamente. Y de crear el espacio para que los sentimientos de pertenencia, propósito y trascendencia de los que ya hemos hablado puedan hacerse realidad en el día a día de nuestras organizaciones[102], acercándonos a la plenitud y haciendo realidad la «paradoja» de que quienes dan reciben.

---

100   Por ejemplo de centros de investigación tan importantes como el *Center for Creative Leadership* o el *Corporate Leadership Council*, que están en la vanguardia de su disciplina.

101   A aquellos a los que os intrigue lo del «amor y la caña» os remito al final del capítulo, al epígrafe «La máquina del Reconocimiento».

102   Ya hablamos de estos conceptos que tan bien trata Emily E. Smith en su trabajo cuando tratamos sobre la importancia de elegir y defender causas que nos merezcan.

EN BUSCA DE REFERENTES

No cambió mi vida, cambió el sentido de mi caminar.

Sor María Paz Hernández (religiosa de las Hijas de la Caridad describiendo su proyecto con los niños más vulnerables de la Cañada Real de Madrid)

Cuando busco personas a los que mirar como referentes en nuestros actuales «olimpos», a menudo me cuesta encontrarlos. ¿Soy la única en sentirme así o se trata de una tendencia que merece la pena analizar? Parte de este sentimiento probablemente provenga del hecho de que muchas veces, demasiadas últimamente, parecen haberse apropiado del «micrófono» personas que no merecen ser consideradas referentes. Puede que se deba también a que lo que estamos viviendo nos obliga a buscar formas diferentes de dirigir nuestras organizaciones, economías y sociedades, mientras que la mayoría de nosotros andamos tan ocupados estando perplejos que no tenemos tiempo ni energía para ser referentes de nadie. Eso sin olvidar que en estos tiempos de desmanes algunos de los que podrían intentarlo se han unido a las filas de los cínicos –ojalá no de los sinvergüenzas–, concentrándose en el ámbito de su «salvación individual», que desgraciadamente *a priori* puede resultar mucho más lucrativa.

Es verdad que a menudo es difícil actuar como referente, sobre todo en circunstancias como las actuales, pero también es posible que este sentimiento de desencanto que a veces experimentamos tenga que ver con el hecho de que estamos mirando en lugares equivocados.

Desde el año 2010, formo parte del equipo responsable del Programa de Becas para el Fortalecimiento de la Función Pública en América Latina de la Fundación Marcelino Botín. El programa tiene como objetivo promover el desarrollo de la región a través del fortalecimiento de sus instituciones, y específicamente de la creación de una red de futuros líderes y *changemakers* altamente cualificados y comprometidos con el servicio público entendido en sentido amplio. Desde que se inició, cada año recibimos unos cuarenta jóvenes. En 2019 celebramos nuestro décimo aniversario y tuve el privilegio de abrir un encuentro en Cartagena de Indias al que asistieron muchos de ellos y donde fui «telonera» de tres jefes de Estado.

Este programa simboliza, más que cualquier otro de mis proyectos pasados, actuales y seguramente futuros, mi pasión y compromiso por la causa del Servicio Público. Estas son algunas de las razones:

- Su objetivo es el desarrollo de personas e instituciones y persigue el progreso económico, social, institucional y cultural de la región, lo que haría feliz a cualquier macroeconomista.

- Es un programa de identificación de talento y de desarrollo de HIPOs[103], aunque para un continente en lugar de para una organización.

- Permite diseñar, desarrollar y testar herramientas y metodologías innovadoras y creativas de desarrollo directivo y liderazgo.

- Es posiblemente el programa donde más en juego se pone la doble vertiente de Desarrollo con mayúscula y desarrollo con minúscula, en la que creo profundamente, y que más claramente incide en la intersección entre desarrollo directivo y desarrollo económico y social.

---

103   HIPO: Terminología usada en Recursos Humanos para referirse a personas de alto potencial en las organizaciones.

- Finalmente, me permite trabajar con jóvenes que tienen la vocación de ser nodos de la red, con un potencial efecto multiplicador y muchas ganas de cambiar el mundo, y eso es música para los oídos de cualquiera que desee tener un impacto real en el mundo y contribuir a una causa de futuro.

Pero lo que de verdad hace de este programa una experiencia extraordinaria es que es el mejor espacio que conozco hasta la actualidad para encontrar referentes, jóvenes que están cambiando sus entornos de muchas formas diferentes para hacer de ellos un lugar mejor. Se han convertido en diplomáticos, alcaldes, abogados, asesores, ayudantes de gobernantes de sus países en diferentes ámbitos, jefes de proyecto en organizaciones no gubernamentales (ONGs) de alcance internacional, fundadores de ONGs a nivel local, investigadores, profesores, funcionarios técnicos de sus Gobiernos, miembros activos de partidos políticos de diversos signos, responsables de programas de Responsabilidad Corporativa, emprendedores «con alma», analistas de grandes empresas, funcionarios de organizaciones internacionales…

Estos jóvenes líderes me hacen renovar la esperanza, me obligan a seguir cuestionándome el sentido, estimulan mi mente para que esta siga siendo permeable y se expanda, mantienen mis preguntas vivas y me hacen seguir «jugando el juego» de la agenda grande para poder influir en él y contribuir a transformarlo.

En realidad, hacen todo aquello que debería ser la labor de un verdadero referente: mantenernos suficientemente perturbados con lo que estamos viviendo, y suficientemente convencidos y optimistas al mismo tiempo como para decidir cada día a comprometernos a hacer algo al respecto.

CONECTA LA MÁQUINA DEL RECONOCIMIENTO

El ojo que ves no es ojo porque tú lo veas, es ojo porque te ve.

Antonio Machado

A menudo convivo con equipos de personas extraordinarias con marcada vocación, como directivos de agencias de la ONU, educadores o jóvenes *changemakers*. La mayor parte de ellos son adultos responsables, con egos bastante «domados», y todos han decidido dedicarse –más o menos conscientemente– al negocio de cambiar el mundo. Sin embargo, o tal vez por ello, cada vez más tengo la sensación de que a algunos de ellos la necesidad de reconocimiento les provoca una cierta amnesia que hace que en algún momento comiencen a olvidarse de su causa y del para qué de estar donde están.

Y es que la vocación de tener un impacto para casi todos, pobres mortales, va ligada a la esperanza –no siempre confesada pero no por ello menos presente– de obtener a cambio un cierto reconocimiento. Un reconocimiento que implica cosas muy diferentes para cada uno de nosotros.

Como no podía ser menos dada mi profesada ingenuidad, en mis años por el mundo me han roto el corazón unas cuantas veces. Personas a las que tenía en un pedestal no lo merecían y sus grandes hazañas resultaron ser meras externalidades positivas de su narcisismo. En realidad lo que buscaban –como una vez me confesó uno de mis alumnos que insistía en que quería llegar a ser presidente de su país– eran versiones más o menos sofisticadas de «salir en la tele».

Pasamos buena parte de nuestra vida buscando un gesto, una mirada, un hecho, por pequeño que sea, que nos haga sentir como si los focos nos iluminaran solo a nosotros, aunque sea a costa de «desiluminar» a los demás. Y es que los seres humanos, según mis investigaciones, tal vez no demasiado académicas pero sí honestas, somos verdaderas máquinas de búsqueda de reconocimiento. La necesidad de ser vistos nos hace siempre vulnerables y está en la base de nuestra experiencia humana, llevándonos a hacer muchas cosas estúpidas, algunas terribles y otras sublimes.

Esa necesidad de reconocimiento tiene mucho de instinto animal. Como mamíferos que somos, al nacer no podemos vivir de forma independiente del cuidado de nuestra madre, o al menos de una «madre sustituta». A lo que inicialmente es instinto se va sumando una complicada arquitectura de capas que, primero la familia y después los muchos ámbitos a los que estamos expuestos -la educación, la cultura, las relaciones sociales, nuestra trayectoria profesional...-, van añadiendo hasta hacernos casi imposible la libertad.

Con los años he ido entendiendo que la sabiduría consiste en encontrar un espacio de reconocimiento sin pedirlo ni buscarlo, hasta que llega el momento en que deja de hacernos falta y se nos hace suficiente la plenitud que da la dedicación a las causas correctas o el sabernos conectados con nuestro propósito, además del reconocimiento que nosotros mismos somos capaces de otorgarnos. Precisamente por la importancia fundamental que tiene el tema, quiero compartir ciertos ingredientes de la fórmula del reconocimiento 5.0[104] que he descubierto trabajando con algunas personas grandes, y que ojalá puedan serviros para evitar alguno de los hoyos cuyas profundidades he visitado:

1. El reconocimiento, como la caridad, empieza por uno mismo. No tiene este auto-reconocimiento nada que ver con la arrogancia, sino con valorarse a uno mismo en la justa medida y con establecer

---

104   Aunque ha pasado menos de una década desde que el concepto de Industria 4.0 se afianzó, algunos visionarios ya se están centrando en la próxima revolución industrial, la Industria 5.0, que pretende unir máquinas y humanos. Sea lo que se lo que eso signifique, imagino que tendremos que adaptar también el concepto de reconocimiento.

una relación sana –ojalá regada de buenas dosis de perspectiva y sentido del humor– con lo que uno es y con lo que uno no es, con nuestras luces y nuestras sombras. Merece la pena analizar esto con calma, pues la relación con nosotros mismos es, si hacemos caso a los grandes maestros de lo sutil, la más importante de nuestras vidas, y seguro que la más duradera.

Cuando alguien llega a mí agotado, enfadado, resentido y buscando soluciones que parten de lo que tiene que cambiar fuera y de lo que otros tienen que hacer diferente, la respuesta es volver siempre a uno mismo y empezar por el principio. Ese «empezar por el principio» comienza por hacer uno de esos «Me Plan» que espero hayáis hecho ya o estéis a punto de hacer. Estos planes, consustanciales con la autocompasión, como ya vimos en su momento, suelen resolver en mi experiencia gran parte de los problemas, porque a menudo tienen la virtud de disolverlos, pero sobre todo la de iniciar un cambio interno que nos abre la puerta hacia un camino más liviano.

2. El reconocimiento solo sirve cuando se hace desde la autenticidad, y requiere desarrollar un estilo propio y encontrar la forma, los gestos y las palabras apropiadas para el que reconoce, pero especialmente para su destinatario.

Para explicarlo, una anécdota. Hace algunos años trabajé con un grupo de socios clave para una empresa multinacional de consultoría. En una de nuestras reuniones, una persona que trabajaba para uno de ellos me abordó en el pasillo y me pidió que «dejáramos de hacerle a su jefe lo que fuera que le estuviéramos haciendo». Ante mi perplejidad me explicó que «ahora cuando hablamos me pregunta cómo estoy y cómo está mi familia, pero se le ve el plumero porque lo único que le importa y siempre le ha importado son sus objetivos, y en realidad no le preocupa nada de lo que nos pase».

La autenticidad está relacionada con el valor que le damos a nuestro interlocutor de ser un otro legítimo, completo y distinto a nosotros, y también con el valor que nos damos a nosotros mismos. Mi experiencia, y la de muchas de las personas con las que trabajo, me permite afirmar que la cultura y la educación pesan mucho, y que la forma de vivir el reconocimiento en la familia de origen es fundamental para determinar nuestros patrones, que a menudo repetimos sin darnos cuenta. A los que tenemos padres y referentes clave poco «reconocedores» se nos presenta un largo y complejo camino no solo para decidir que el reconocimiento es algo que merece la pena explorar, sino para empezar a practicarlo con calma y compasión hacia nosotros mismos. Una vez tomada esa decisión se trata de encontrar un estilo propio, que debe ser al mismo tiempo natural y significativo, y que requiere desarrollar un código y un lenguaje apropiados para cada momento y persona. Y es que la clave del reconocimiento es que llegue al otro y que sea lo que ese otro necesita, porque de lo contrario simplemente no es.

Permitidme añadir, como aspecto a ponderar, que en ocasiones el silencio es el mejor reconocimiento, y que si de verdad queremos que ese otro reciba el reconocimiento con toda su fuerza, es fundamental separarlo en el tiempo de cualquier petición que queramos hacerle, al menos mientras estamos en la etapa de evolución hacia convertirnos en «expertos reconocedores».

3. Reconocer es cuidar y poner límites. O, como me dijo una gran mujer que fue mi *coachee*, el reconocimiento «del bueno» es por definición una sabia mezcla de amor y «caña».

Con mis alumnos más jóvenes parto en ocasiones de baños de reconocimiento indiscriminado por parte de los cercanos y de posturas de refuerzo de la autoestima y entornos de baja exigencia que influyen poderosamente en sus expectativas. Estos baños les dejan desarmados cuando salen al mundo real, donde las oportunidades son limitadas, las personas a menudo juzgadas duramente a pesar de sus aportaciones y donde el amor incondicional no existe. En estos casos, la fórmula del reconocimiento tiene más aspecto de «caña» que de amor, pero solo porque si no logran primero «ubicarse», como dirían mis amigos chilenos, lo normal es que tengan dificultades para descubrir su propio rumbo y definir cómo quieren navegar sin excesivos naufragios en este mundo que en realidad sí puede ser bastante cruel.

Conviene recordar siempre que lo importante es la intención con la que cualquier persona es capaz de conectar desde lo profundo, y la impecabilidad en las formas, así que la fórmula vendría a ser algo así como «dar caña con mucho amor».

4. El reconocimiento influye poderosamente en el otro, en su visión de sí mismo y en su acción.

El reconocimiento sincero, real, es tan poderoso que tiene la potencialidad de cambiar al otro y sin duda de cambiarnos a nosotros mismos, alterando la lente a través de la cual miramos, y por tanto nuestra realidad, y solo por eso ya vale la pena que lo investiguemos y practiquemos con liberalidad.

Quisiera concluir este capítulo añadiendo algo que espero que recordéis si os quedáis solo con una idea clave del ingrediente de la generosidad. Hasta que alguien invente la máquina del reconocimiento, lo mejor que cada uno podemos hacer desde nuestro lugar y en nuestras organizaciones es contribuir a formar seres libres. Seres que dependan lo mínimo posible del reconocimiento ajeno (empezando por el del jefe, incluso si ese jefe sois vosotros) y que no necesiten tomar decisiones estúpidas que pongan en peligro a su familia, amigos, entorno… y más tarde a sus equipos, organizaciones, comunidades, o incluso a sus países, en búsqueda de un reconocimiento del que dependen más allá de lo razonable y que no son capaces de encontrar dentro de sí mismos.

PRACTICA UN LIDERAZGO GENEROSO

Parece un buen momento para hacer un alto en el camino y reflexionar sobre el grado de generosidad con el que vives y con el que abordas tus relaciones con los demás. Solo tú sabes qué puede merecer la pena mantener, modificar o dejar de hacer para convertirte en un donante estratégico y no sentirte un «pringado». Ojalá estas preguntas puedan ayudarte.

1. ¿Tienes una sana relación contigo mismo, con tus fortalezas, con tus límites? ¿De qué áreas de tu vida, de tu desarrollo, de tu trabajo, de tus proyectos, te sientes orgulloso?

2. ¿Eres una persona de «vaso medio lleno» o de «vaso medio vacío»? ¿Qué consecuencias tiene esto para tu vida tanto personal como profesional? ¿Cómo se traslada a tu equipo y a tu organización?

3. ¿Te consideras un líder apreciativo? ¿Practicas la generosidad estratégica con liberalidad? ¿Te gustaría explorar ese camino?

4. ¿Quiénes son tus referentes? ¿Por qué cosas les estás agradecido? ¿Juegas tú el papel de referente para otros? ¿Cómo te sientes cuando lo haces?

5. ¿Cuándo y con qué personas puedes practicar el reconocimiento de forma auténtica? ¿Qué posibilidades se crean como consecuencia de ello?

6. ¿En qué momentos de tu vida ha sido el reconocimiento de otros una fuerza poderosamente transformadora? ¿Con quién podrías aplicar tú esa misma fuerza?

7

ACTÚA DE FORMA IMPECABLE

7

ACTÚA DE FORMA IMPECABLE

Inculcadles sobre todo los métodos de estudio, el arte de pensar por cuenta propia, las ideas prácticas, los principios fecundos y luminosos a cuya aplicación se deben las invenciones industriales y los descubrimientos científicos. Cread, en fin, no eruditos y quietistas, dilettanti del saber, bien hallados con el mero conocimiento de la verdad, sino voluntades enérgicas, espíritus reformadores susceptibles de llevar la idea a la realidad y reaccionar vigorosamente contra todas las fatalidades y deficiencias del suelo, de la raza y de la organización social y política.

«Los tónicos de la voluntad», SANTIAGO RAMÓN Y CAJAL

Creo que a estas alturas ya ha quedado establecido que los tiempos requieren que dominemos la tecnología de la transformación, y esto implica desarrollar habilidades bastante diferentes a las que nos eran útiles cuando los problemas estaban mejor definidos. Bajo este prisma, un territorio en la que definitivamente necesitamos un cambio de foco -y de herramientas- es el de la ejecución. Los tiempos solicitan de nosotros la lucidez para saber qué caminos emprender, y esto presupone autoconocimiento, presencia y reflexión…, pero también que una vez descubiertos los emprendamos con coraje, generosidad y un alto grado de «impecabilidad».

Presuponiendo que tenemos afinada la lucidez para elegirlos -con todo el trabajo que eso implica-, y debido a la resistencia al cambio, al miedo al futuro, a la paranoia, a la alternancia de la parálisis con la actividad febril y a las múltiples barreras, más presentes que nunca, que imponen los tiempos ante cualquier intento de hacer avanzar lo nuevo o diferente, es imposible abordar las transformaciones con solidez y sin tomar atajos sin antes hacer acopio de una voluntad y una disciplina férreas. La voluntad de la que hablo es una voluntad suave, que conoce el equilibrio entre hacer y dejar que las cosas sucedan -y que parte de una corriente de atención flexible, sutil y estratégica-, pero también firme, persistente, enérgica e inasequible al desaliento. Se trata por tanto de mezclar el *flow*[105], confiando en que hay orden al otro lado del caos, con el *grit*, la determinación de la que habla Angela Lee Duckworth[106] y que es sin duda en estos momentos un factor crítico para lograr el éxito.

Nuevas habilidades para tiempos extraordinarios

Duckworth enfatiza la importancia de la determinación como predictor de éxito -por encima del talento- y la define como combinación de pasión, explicitada como consistencia en las metas sostenidas durante largos períodos de tiempo -que no fuego fatuo-, y perseverancia, o la capacidad para superar reveses, trabajar duro y terminar las cosas que comenzamos. Los tiempos que corren requieren sin duda de «optimistas laboriosos»[107] y les ponen las cosas fáciles a los autoproclamados «realistas» -a menudo pesimistas y cínicos disfrazados-, y hacen que mostrarse optimista en según qué foros se asimile a la frivolidad o, mucho peor, a la falta de inteligencia. Y es que el realismo es hoy por hoy una estrategia mucho más cómoda, porque se trata de proclamar que las cosas no son posibles, no hacer nada -excepto criticar o incluso des-

---

105   Ya hablamos de fluir con ocasión de nuestra primera dimensión, el cultivo de la presencia.

106   Angela Lee Duckworth (2016) *Grit: The Power of Passion and Perseverance.* Simon & Schuster Inc.

107   Término acuñado por Carles Capdevila que aparece en uno de sus artículos en el diario Ara, del 7 de julio de 2016. Traducido del catalán, el término original es «optimistes pencaires».

hacer lo que otros hacen-, y esperar tranquilamente a que el tiempo nos dé la razón.

Sin embargo, en estos momentos es urgente e importante salir de la parálisis, la queja y el desánimo, y arremangarse en lugar de mirar hacia otro lado, porque es evidente que ni el realismo ni el optimismo ingenuo nos van a sacar de donde estamos. Se trata por tanto de ponernos manos a la obra manteniendo el punto de ingenuidad, tan necesario y refrescante, que nos haga creer que se puede y de convertirnos al mismo tiempo en pruebas vivientes, como decía Carles Capdevila, de que así es. De rodearnos de gente como nosotros y protegernos mutuamente. Y de ponernos el listón alto, porque gran parte de los males que aquejan a personas, equipos, organizaciones e instituciones en estos días están relacionados precisamente con nuestra incapacidad para ir más allá de los límites percibidos con voluntad y disciplina, sin miedo y sin excusas. Y de actuar de la forma más impecable que en cada momento esté a nuestro alcance.

¿Qué significa ser impecable?

Si buscamos la palabra en el diccionario, encontraremos definiciones como «algo tan perfecto y sin faltas ni errores que no admite el mínimo reproche» o «algo completamente limpio y en buen estado que resulta agradable o bello». En estos momentos tan complejos, dominados por la neurosis colectiva, la impecabilidad de los resultados proviene del empeño en llevar a cabo nuestras acciones de la manera más completa y perfecta posible… y de no parar hasta lograr los mejores resultados a nuestro alcance, incluso cuando nos queramos rendir. Esto no tiene nada que ver con la perfección -que ya sabemos que no existe-, ni con procrastinar hasta emprender la acción tal vez perfecta pero que llegue demasiado tarde. En este mundo de metodologías *agile*, en el que no nos queda más remedio que dominar el arte de las pruebas de ensayo y error, a menudo tendremos que conformarnos con un «producto mínimo viable»[108] –MVP, Minimum Viable Product, por sus siglas en inglés–. Nos vemos en la necesidad de lanzar iniciativas, tomar decisiones e iniciar proyectos –pensad por un momento en lo que ha ocurrido con las vacunas del covid– en el mismo instante en que son mínimamente sólidos o tienen las características imprescindibles para servirnos como versión inicial. Eso nos permite conseguir el *feedback* para el proceso de mejora continua necesario a su vez para continuar perfeccionando iniciativas, decisiones y proyectos, aprovechando al mismo tiempo las ventanas de oportunidad, porque la impecabilidad tiene un gran componente de oportunidad.

La acción impecable implica además que la intención también lo sea, y que actuemos desde la presencia, mostrando un compromiso sin fisuras con lo que hacemos y colocándonos al mismo tiempo al servicio de algo más allá de nosotros. Esa presencia, ese actuar para que el mejor futuro sea posible, requiere de un trabajo profundo que comienza con nuestra atención. Utilizando el modelo de Otto Scharmer[109], la Teoría U, y más específicamente su caracterización de la estructura del campo de la atención, se trata de asegurarnos de que nuestra atención está en todo momento enfocada y centrada en el presente, dejando de un lado el ego y limitando sus interferencias. Para lograrlo es necesario ir avanzando progresivamente desde la atención centrada en nosotros mismos y en nuestros juicios –el espacio donde la mayoría de nosotros pasamos en torno al 90% de nuestro tiempo, y que básicamente solo nos permite el «modo *downloading*»–, y progresar primero hacia la atención centrada en los hechos para poder analizarlos con la mente abierta, empezando así a salir de nosotros mismos aunque todavía haya muy poca reflexión, y de ese modo lograr en algún momento centrarnos más allá, en el otro –en los otros–, y conseguir así la conexión interpersonal real que permite la reflexión profunda.

---

108   MVP (Minimum Viable Product). Término popularizado en 2001 por Frank Robinson. Un producto viable mínimo tiene únicamente las características básicas suficientes para ser lanzado al mercado, y no más. Los desarrolladores típicamente lanzan el producto para un subconjunto de los posibles clientes, como los "primeros seguidores", que son más tolerantes, más propensos a dar retroalimentación y capaces de captar la visión de producto a partir de un prototipo temprano.

109   Hablamos de Otto Scharmer cuando hablamos de presencia, el único lugar desde el que es posible la ejecución impecable.

«Presencing»: atención y acción enfocadas

Pero para ejercer el liderazgo –y vivir la vida– con mayúsculas hemos de ir un paso más allá para obrar desde una apertura total de mente y corazón, centrando atención y acción en el instante y enfocándonos en cada momento en la acción única, original e idónea. Este «nivel 4», en el que atención y acción están centradas en la presencia, en el ahora, es el más creativo y el único que puede generar futuros «que realmente vengan del futuro»[110]. Scharmer llama a este estado *presencing* (como unión de presencia y acción). Pone el ejemplo de las artes marciales, donde se sigue el mismo principio de basar la acción en la presencia y se pone especial énfasis en la postura, el equilibrio y la respiración antes de ejecutar cualquier acción. Se trata de sustentar la acción en una presencia consciente y profundamente conectada con el problema u oportunidad para poder abordarlo de una forma original y verdaderamente creativa. De entender –o recordar– que ser conscientes y refinar constantemente el punto ciego[111], el espacio desde el que actuamos, y gestionar las interferencias para poder obrar desde la presencia son habilidades fundamentales para aquellos de nosotros que deseemos vivir nuestro liderazgo, empezando por el más importante: el que ejercemos sobre nosotros mismos. Esta es seguramente la conclusión más importante a la que llegué después de trabajar con más de setenta personas de todo el mundo de muy diversos sectores, organizaciones e instituciones en proceso de transformación en un *innovation lab* con Otto y su equipo del MIT.

Así, la impecabilidad de una acción depende en buena medida de la calidad de la atención de quien la ejecuta, de su estado interior, de su nivel de conciencia, de ese punto ciego desde el que opera. Solo en la acción centrada en el ahora y basada en una intención pura es posible combinar a la perfección elegancia y eficacia.

---

110   Terminología de David Bohm: *Sobre el diálogo.*

111   Otto Scharmer describe el «punto ciego» como «el lugar desde donde responder a las olas actuales de cambio disruptivo, un lugar profundo que nos conecte con el futuro en lugar de ser una mera reacción contra los patrones del pasado».

El líder como guerrero impecable

A esta dimensión esencial de la impecabilidad, de la que en realidad parte todo y donde está la clave para «bajar por otra calle»,[112] me gustaría añadirle otra también relevante, la que propone Carlos Castañeda[113], que ya en los años sesenta acuñó el término «el guerrero impecable» al escribir sobre sus experiencias con su maestro, don Juan. Para él la impecabilidad es la acción de canalizar nuestra energía hacia las causas que realmente la merecen. Insiste así en la importancia de hacer «inventarios estratégicos» de objetivos y acciones que nos aseguren un consumo mínimo de energía para un máximo rendimiento, eliminando actividades y patrones de comportamiento no esenciales. Dentro de la categoría de actividades «prescindibles» entran por ejemplo el tiempo dedicado a promover nuestra importancia personal, a defendernos o, en la terminología que ya compartimos, a cualquier actividad relacionada con el círculo de preocupación. Erradicar de nuestra agenda este tipo de acciones nos permite liberar energía y voluntad para enfrentarnos bien pertrechados a lo desconocido. Imaginaos lo que pasaría si en nuestras organizaciones se eliminaran todas las acciones de este tipo y toda esa energía se concentrara en apoyar las causas correctas, en el ahora y en el círculo de influencia. No habría fuerza que la parase ni «realidad» que se le resistiera.

La búsqueda auténtica de la impecabilidad solo puede estar alimentada por nuestras expectativas, deseos internos y humildad, nunca por la necesidad de responder a las expectativas de los demás. El guerrero impecable busca la certeza dentro de sí mismo y la impecabilidad en su propia mirada. Mientras que los comunes mortales buscan verse referenciados por los demás, el guerrero solo depende de sí mismo y basa su confianza en la humildad, cualidad necesaria para poder ser impecables tanto en nuestros actos como en nuestros sentimientos.

---

112   ¿Recordáis la «Autobiografía en 5 actos»?

113   Carlos Castañeda. (2017) *Las enseñanzas de don Juan*. Fondo de Cultura Económica.

Impecabilidad es también hacer siempre lo máximo que podamos, sin tomar atajos. Como una vez escuché decir a Cristóbal Colón, fundador de La Fageda[114], dirigiéndose a una audiencia de emprendedores sociales, se trata de hacer acopio de toda nuestra tenacidad en defensa de nuestras causas[115], porque «la fuerza de la perseverancia viene de la mala leche interior. Hay que ser tozudos, pero no tercos, y seguir siempre adelante, aunque eso implique equivocarse y rectificar». Esa «mala leche interior» de la que habla Colón es la que nos permite hacer frente tanto a las interferencias internas –las dudas, los juicios, los temores o las distracciones– como a las externas, es decir, todas las fuerzas opositoras que se le presentarán a nuestra voluntad en el camino hacia la acción «bella, buena y verdadera»[116], salvo que ya hayamos decidido resignarnos a «ir a tertulias y escribir cartas».

Todo esto, sin embargo, no debe nublar nuestra paciencia estratégica, ni la certeza de que los sistemas están vivos y cambian continuamente y de que el resultado final depende de nosotros solo en parte. Se trata por tanto de hacer lo máximo posible manteniendo al mismo tiempo la perspectiva y practicando la autocompasión, porque exigirnos más de lo que podemos dar nos lleva al agotamiento. Y porque al dedicarle a un asunto más energía de la que podemos entregarle, en detrimento de otras áreas de nuestra vida y de metas posibles, podemos estar perdiéndonos muchos momentos felices. Sin embargo, si somos sinceros con nosotros mismos, hacer menos de lo que podemos nos genera frustración, sentimiento de culpa, juicios negativos… y a menudo nos coloca en el papel de víctimas. Actuar de forma impecable, por otra parte, nos brinda espacios de libertad.

---

114   La Fageda es una cooperativa en la que trabajan 120 personas, de las que el 70% cuenta con alguna discapacidad física o trastorno mental severo, personas que así aportan su trabajo y contribuyen activamente a la sociedad.. Hoy los yogures, natillas y demás elaboraciones de La Fageda ocupan el tercer puesto de los productos lácteos más vendidos en Cataluña.

115   Fue en una conferencia-taller de Cristóbal Colón en la Garrotxa en abril del 2015.

116   Verdad-bondad-belleza… la famosa trilogía kantiana. A aquellos que queráis revisar la evolución de esta trilogía con los desafíos de nuestro contexto, os recomiendo un libro de Howard Gardner: *Verdad, belleza y bondad reformuladas: La enseñanza de las virtudes en el siglo XXI*. (2011). Ediciones Paidós.

Por tanto, en realidad la única forma de sentirnos realmente bien con nosotros mismos y alcanzar la plenitud es dando lo mejor que tenemos para dar. Cuando no lo hacemos, y sin obviar la importancia del entorno y las relaciones, suele ser porque la tarea no nos agrada, porque es mucho más fácil entregarnos cuando algo nos apasiona. Si todo lo que hacemos en nuestra vida tuviese la capacidad de entusiasmarnos y de captar nuestro deseo de dedicarnos a ello por completo seríamos felices, aunque esto nos exigiera estar despiertos y rindiendo al máximo todo el tiempo. Así que, en el lenguaje que ya compartimos, se trataría de asegurarnos de que dedicamos nuestro tiempo y energía a causas que nos merezcan y de que actuamos al máximo posible desde la presencia, dando lo mejor de nosotros y sin pensar en el resultado más allá de lo imprescindible.

La dichosa procrastinación

No puedo evitar mencionar aquí el fenómeno de la procrastinación, que, aunque existe desde siempre, en los últimos años y con las vidas tan intensas que llevamos se ha puesto tan de moda que nuestra Real Academia de la Lengua ha tenido a bien acogerlo y tipificarlo[117]. La mayoría de nosotros creemos que afecta fundamentalmente a la ejecución y que se trata de un problema de productividad, pero en esencia tiene más que ver con las emociones que con la gestión del tiempo. En mi experiencia, cuando las personas procrastinamos la solución raramente pasa por hacer listas más o menos sofisticadas de prioridades, aprender nuevas metodologías o descargarnos aplicaciones de gestión del tiempo. Se trata básicamente de asegurarnos de que estamos haciendo lo correcto -de nuevo la impecabilidad-, desde la intención adecuada y de la forma más acertada posible -y esto incluye el uso apropiado de todos los recursos a nuestra disposición, pero también el aprender a gestionar nuestras emociones de otra forma y encontrar mejores re-

---

117   La RAE define «procrastinación» como la «acción y efecto de procrastinar», y «procrastinar» como diferir o aplazar. Según estudios de la propia RAE es una de las palabras más buscadas en los últimos años.

compensas para nuestro cerebro que las que obtenemos procrastinando. Esto implica hacer un buen análisis de las emociones que nos provocan las tareas, proyectos, acciones e iniciativas en nuestro «To Do» para poder someterlas a un proceso de escrutinio.

Tanto la procrastinación como los «inventarios estratégicos» de los que habla Castañeda nos recuerdan la necesidad de definir y comprometernos con una estrategia, como subraya, desde un observatorio mucho más corporativo, Michael E. Porter, que ha sido durante mucho tiempo uno de los grandes referentes de los más importantes CEOs del mundo desde su laboratorio en la Escuela de Negocios de Harvard. Para Porter, «la esencia de una estrategia es elegir qué no hacer»... y el papel de los grandes es justamente el de elegir, con toda la carga de profundidad que eso supone, y después compartir y «educar" en la estrategia elegida. Se trata de elegir una estrategia y ejecutarla de forma impecable –en lugar de cambiarla cada trimestre–, poniendo además el énfasis necesario en comunicarla, compartirla, implementarla y monitorizarla.

Crear historias compartidas y ser impecable también con las palabras

Y se trata de abordar esos procesos de forma también impecable, construyendo una historia en la que expliquemos de la forma más clara posible el propósito para que cada persona pueda darnos al menos una respuesta preliminar a las grandes preguntas que ya conocemos y que tienen que ver con nuestra necesidad de ser útiles, valiosos y necesarios[118]. Y de construir y llevar a cabo los planes apropiados para su implementación, para hacer realidad esa historia... con ellos. También por supuesto de monitorizar los resultados para comprobar que los objetivos que se pretendían se están consiguiendo, corrigiendo cuando sea necesario y vigilando los detalles, en un proceso continuo en el que no hay paradas, ni principios, ni finales. Y finalmente de asumir riesgos en

---

118   Ya hablamos de psicología infantil y del trabajo de José Antonio Marina cuando tratamos nuestras «causas».

el camino, buscando siempre la excelencia, porque no hay liderazgo de verdad sin riesgo y dudas existenciales, ni grandeza sin polaridades[119].

La impecabilidad en la ejecución debe extenderse también a nuestras palabras, que fijan significados en nuestra mente y en la mente de las demás. Ser impecable con las palabras es hablar con integridad, aunque va mucho más allá de eso. Se trata de respetar la palabra dada pero también de decir solamente aquello que queramos decir, de no emplearla contra nosotros mismos, y de utilizar su poder como magia blanca para avanzar en la dirección de oportunidades, fortalezas y posibilidades. Porque cuando empleamos nuestra palabra para expresar rabia, celos, envidia o desprecio, todo ello se convierte en una suerte de magia negra que no solo envenena al prójimo, sino que extiende su manto sobre nosotros mismos y nuestros interlocutores. Así, un rasgo que comparten los grandes es el hablar bien de otros y de sus acciones, ser capaces de alabar a amigos y rivales con criterio y autenticidad, y admitir e incluso alardear de tener referentes, en lugar de ocultarlos o no darles el crédito que merecen. Esta capacidad para orientarnos hacia la luz nos inmuniza frente al veneno de la envidia, hace de nuestra mente un campo fértil y nos sitúa en el círculo de influencia.

Grandes dosis de generosidad y cortesía

Finalmente, parte de esa impecabilidad tiene que ver también con la generosidad y la cortesía, que no solo suponen rasgos de sofisticación en el liderazgo, sino que otorgan a las mentes prodigiosas una gran fuerza de seducción. Estas dos cualidades, que en nada se relacionan con el buenismo o la agresividad pasiva, son a menudo subestimadas en el duro mundo de la supervivencia organizacional, y sin embargo merecen ser reivindicadas y practicadas con liberalidad en las organizaciones por su poder aglutinador de voluntades.

---

119   Ya vimos brevemente el modelo de Peter Koestenbaum cuando hablamos de «mentes expandidas».

Aunque a menudo el poder se ve como mucho más atractivo, el adhesivo que nos conecta como un todo y nos ayuda a prosperar y evolucionar es ese cierto candor que en realidad es lo único que reaviva nuestro poder cuando demás lo agota. Se trata de no subestimar nunca el poder de la amabilidad, que no se desperdicia -pese a que algunos días parezca lo contrario-, incluso cuando no es bien recibida, porque a menudo un acto de bondad transforma la energía densa en la luz que necesitamos para salir de nuestros hoyos particulares. Vaya por delante que, como ocurre con el reconocimiento y con casi todo lo importante, esa bondad tiene que empezar necesariamente por nosotros mismos.

Permitidme cerrar esta reflexión subrayando que para lograr que nuestra impecabilidad, nuestra determinación y nuestro coraje innatos brillen, es importante asegurarnos de que nos situamos en culturas que los valoren, que le den la importancia que tiene a la disciplina en la ejecución y que premien por encima de todo el mérito y los resultados conseguidos de forma impecable, utilizándolos como base en la toma de decisiones sobre el presente y el futuro de las personas. Culturas donde el incumplimiento de los compromisos, las actitudes claramente *taker* y el *free-riding* estén penalizados. Si tenemos constancia de que nuestra organización no cumple esta condición, es un buen momento para hacer lo que esté en nuestras manos para que así sea… a menos que hayan dejado de importarnos su éxito y su futuro, en cuyo caso lo mejor sería quitarnos de en medio.

CIENCIA, ELEGANCIA Y COMPROMISO

Hay una fuerza motriz más poderosa que el vapor, la electricidad y la energía atómica: la voluntad.

Albert Einstein

Aunque ella afirma ser muy santiaguina, Mar Capeáns es ante todo una mujer de mundo que ha dedicado su vida a hacer ciencia. Física, investigadora y científica, a su lúcida mente se unen grandes dosis de humildad, generosidad y sentido del humor. Doctora en Física de Partículas por la Universidad de Santiago de Compostela, en 1992 aterriza en el CERN (Organización Europea para la Investigación Nuclear) gracias a un programa para estudiantes -el *Technical Student Programme*-, que aún hoy existe y que se encarga de formar a jóvenes físicos e ingenieros de todo el mundo permitiéndoles trabajar en la vanguardia de la tecnología y la física. El CERN es una organización con veintitrés estados miembros y un presupuesto anual de más de mil millones de francos suizos formada por un conjunto de científicos luminosos de múltiples nacionalidades que operan en el laboratorio de física de partículas más importante del mundo.

En el CERN, Mar comienza trabajando en el desarrollo de detectores de partículas en el grupo de Georges Charpak, que recibió el premio Nobel de Física ese mismo año. Cuenta que a las preguntas del doctor Charpak sobre su preparación o conocimientos antes de encomendarle tareas, ella contestaba a todo que sí... confiando en su intuición y en las largas noches en vela para ponerse al día y poder estar a la altura en un ambiente de excelencia y exigencia intelectual. De aquella experiencia le quedó la importancia de aprender a decir que sí a las personas y a los proyectos que lo merecen, para añadir después a la ecuación la disciplina y el trabajo para compensar los «vacíos». Mientras trabajaba en el CERN, Mar hizo su tesis doctoral, que defendió en Santiago de Compostela, y a partir de entonces fue encadenando contratos como investigadora de la organización europea. En 1998, buscando la novedad, y según ella misma dice, por impaciencia, decidió explorar nuevas aguas para trabajar en el DESY, el Sincrotrón Alemán de Electrones, el mayor centro de investigación alemán de física de partículas, en Hamburgo, para participar en un experimento que, a escala menor, se asemejaba tecnológicamente a los experimentos que se realizan actualmente en el CERN, «pero que no fue lo mismo».

En 2000 regresa al CERN y se une al experimento ATLAS, el mayor de los cuatro grandes detectores que registran la actividad del gran colisionador de hadrones Large Hadron Collider (LHC). Como investigadora del CERN participa en varias fases del proyecto LHC y su trabajo va cambiando, lo que le ha permitido tener diversas «reencarnaciones» sin salir de la organización. Durante un tiempo se involucra en tareas de I+D para definir y construir los detectores de partículas más adecuados a las condiciones del LHC, y poco a poco va asumiendo labores cada vez más complejas de planificación, coordinación y colaboración con grupos de científicos de todo el mundo hasta llegar a liderar el Grupo de Tecnología de Detectores desde 2012 hasta 2017. Pasa más tarde a dirigir el Grupo de Gestión de Proyectos del Departamento de Tecnología, y en el año 2020 asume la coordinación técnica para la mejora de uno de los cuatro grandes experimentos del CERN. Su última responsabilidad es la de dirigir el departamento que se ocupa de las infraestructuras técnicas de los grandes proyectos, un reto nuevo y desafiante desde el que seguir contribuyendo desde el rigor y la amplitud de su mirada.

Mar siempre dice que gran parte de su trayectoria se la debe a la suerte... y a haber aterrizado en un lugar tan singular como el CERN. Y es cierto que es una organización muy especial. Tiene que serlo, si pensamos que su misión es «el estudio de los constituyentes básicos de la materia y de las fuerzas a través de las cuales interaccionan con el objetivo final de entender el origen del Big Bang», es decir, el comienzo del Universo. El CERN es en sí un laboratorio de descubrimientos, donde partiendo de la ciencia y la investigación básicas se persiguen descubrimientos tecnológicos que puedan aplicarse a la sociedad. Un ambiente y una operativa –donde «tu talento vale, pero dependes del talento de los demás para tener éxito»– que han logrado descubrimientos de importancia económica y práctica enormes, como la World Wide Web –Internet– o los detectores de partículas que se aplican en los hospitales para descubrir tumores.

Mi primera visita al CERN fue casi como una experiencia mística. En aquel momento mostraban una exposición extraordinaria sobre el origen del Universo que me emocionó profundamente y me hizo llorar, ante la sorprendida mirada del guía y del grupo. Y es que la física –y los físicos– siempre han estado en la frontera entre este mundo y el otro, independientemente de lo que para cada uno de nosotros signifique ese «otro». De hecho, los poseedores de las mentes más poderosas y consagradas a magnas causas que me he encontrado en el camino son justamente físicos. Es verdad que también he encontrado algunos con grandes egos, pero los de verdad son sabios y hace ya mucho que entendieron que soberbia e inteligencia no pueden convivir, porque, como decía mi abuela, con el paso del tiempo «la una se come a la otra».

En Mar hay una intención pura, un afán de superación personal y una ética de trabajo muy rigurosas. Compite contra ella misma y ejerce su labor con voluntad de hierro, riendas firmes, una humildad que descoloca en alguien con su trayectoria y mucha normalidad. Para mí ella es un ejemplo de «guerrera impecable», que busca la certeza dentro de sí misma y la maestría en sus propios ojos, y ejerce su labor con un gran sentido del deber. En su trabajo como gestora de equipos se mueve con valentía para subir el listón, poniendo a su gente objetivos muy retadores, y se comporta, como ella misma dice, como «agente de artistas», teniendo siempre muy claro que son ellos los que tienen que brillar.

Mar tiene la seguridad en sí misma de los que dedican su tiempo y energía a causas que los merecen, tratando de dar en cada momento lo mejor y sin pensar en el resultado más allá de lo imprescindible.

Todo eso mientras mantiene ese punto de ingenuidad tan necesario y refrescante, a pesar –o por causa– de la complejidad del entorno político que caracteriza a una organización como el CERN, con más de 1.500 científicos y un ecosistema de casi 10.000 colaboradores que realizan proyectos novedosos y pioneros, lo cual exige métodos de trabajo y soluciones siempre nuevas para poder enfrentarse a los retos constantes de un día a día a menudo imprevisible.

Conocerla me ha servido como acicate para no desfallecer en mis propias causas y para recordar dos cosas fundamentales: la primera es que para emprender cualquier camino que se precie sin zozobrar tenemos que rodearnos de personas mejores que nosotros, tanto desde el punto de vista humano como intelectual. La segunda es que cualquier vida poderosa debe contener instantes en los que la belleza nos lleve a emocionarnos hasta lo más profundo, como me ocurrió visitando con ella el experimento ATLAS, a pesar de mi incapacidad para entender el «modelo estándar»[120], y como les ocurre a científicos e investigadores de todo el mundo a diario.

Sirva este testimonio como agradecimiento hacia Mar y hacia las personas de disciplinas diversas que como ella hacen su trabajo con pasión, entrega y fuerza de voluntad a pesar de las vicisitudes, regalándonos al mismo tiempo instantes cargados de belleza, emoción y sentido de trascendencia.

---

120   No me pidáis que os lo describa... solo sé que es una teoría matemáticamente muy compleja, pero que permite explicar el Universo de una manera increíblemente sencilla.

LIBERA TU ENERGÍA PARA CREAR

La libertad está en ser dueños de nuestra propia vida.

Platón

FREE TO FOCUS

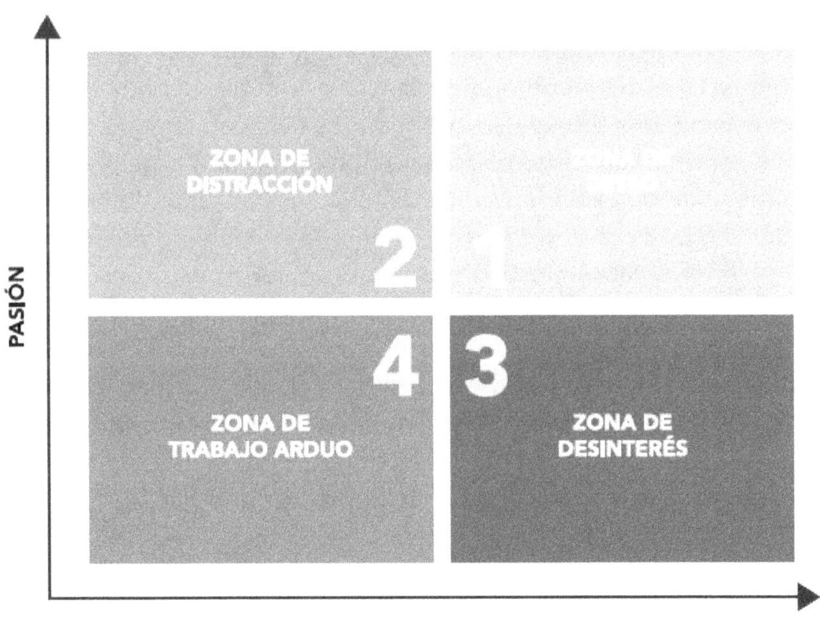

Basado en el trabajo de Michael Hyatt[121].

---

121   Michael Hyatt (2019). *Free to Focus: A Total Productivity System to Achieve More by Doing Less*. Baker Books.

Una de las tareas que a menudo me corresponde hacer con las personas con las que trabajo, tanto a nivel individual como cuando colaboro con grupos, es precisamente la de apoyarlos en el difícil proceso de elegir[122]. Es seguramente la parte de mi trabajo por la que me siento más privilegiada, y un proceso que en momentos clave puede y debe llevarlos a hacerse preguntas incómodas y enfrentarse a situaciones complejas e incluso a dilemas existenciales. Situaciones en las que la presencia de la duda o la culpa a menudo no va unida al miedo a tomar decisiones equivocadas, sino a tener que enfrentarse a circunstancias que no se pueden resolver eligiendo entre blanco o negro -como lo son casi todas las importantes-, en general difíciles de abordar tomando atajos o evitando los conflictos.

Esa tarea de elegir se concreta en dos diferentes dimensiones, que en realidad son complementarias. En un extremo está la dimensión del *big picture*, que tiene que ver con lo estratégico, con la definición de oportunidades, objetivos y prioridades clave en las que centrarse en el corto, medio y largo plazo para hacer avanzar a organizaciones y equipos situándolos en la vanguardia en lugar de «abandonarlos» a la disrupción. En el otro, y como tarea necesariamente complementaria, está el llevar a cabo nuestros propios «inventarios estratégicos» para asegurarnos de que dedicamos tiempo y energía a hacer avanzar esas oportunidades, objetivos y prioridades en lugar de permitir que nuestras agendas nos gobiernen y adquieran vida propia. Inventarios que nos ayuden a eliminar acciones y patrones de comportamiento no esenciales y a comprometernos con los que nos aseguren que vamos en pos de nuestras causas con un consumo correcto de energía.

La tarea de elegir y descartar lo no esencial

Al hacer ese análisis os sorprendería el tiempo que descubrimos que dedicamos a actividades banales y de poco valor añadido o a invertir

---

122   Ya hemos hablado de Michael Porter y de la capacidad de elegir como inherente al buen liderazgo.

energía en personas y proyectos que son como pozos sin fondo. Más poderoso aún es descubrir entre lo no esencial actividades que ocupan un lugar destacado en la mayoría de nuestras organizaciones: las guerras de guerrillas, la autopromoción o la promoción de personas, grupos y grupúsculos, la defensa de territorios –a menudo imaginarios– claramente diferentes a los de la organización en su conjunto o el cultivo del «círculo de preocupación».

Esta tarea de elegir es sin duda la más fascinante del ejercicio del liderazgo, y es también, como ya hemos comentado, el sustrato donde surge la magia y donde florece la contribución de los grandes. Se trata de mantener a raya la procrastinación y encauzar atención y energía hacia el 20% de actividades que nos traerán el 80% de tracción, en lugar de hacer, como a menudo nos ocurre, precisamente lo contrario. Y esto no solo es una tarea clave en la fase de creación o diseño de la estrategia, sino también durante la fase de «carpintería», porque la ejecución impecable consiste precisamente en que nos ocupemos de la carpintería de una forma muy estratégica.

Una herramienta sencilla pero potente que nos puede servir para desarrollar la disciplina de trabajar de esta forma es el cuadrante de prioridades «Free to Focus» que aparece en el libro homónimo de Michael Hyatt. Hyatt defiende algo bastante disruptivo, a juzgar por lo que abunda en nuestras organizaciones, y es que la cosa no va de trabajar más duro –y menos aún de presumir de ello–, sino de trabajar con más inteligencia. Vivimos en una constante espiral de actividad en la que todo el mundo insiste en dedicar más y más horas a actividades consistentes con esa especie de carrera hacia la imprescindibilidad que a menudo colorea todas las áreas de nuestra vida. Lamentablemente esto no solo no ha mejorado, sino que parece haberse agravado con la pandemia. Parecemos haber olvidado de lo fundamental que es preguntarnos el para qué, el fin, porque hacer «más cosas» no garantiza en absoluto mejores resultados ni una mayor productividad.

Ese es el concepto sencillo pero radical que aporta Hyatt: que la productividad no tiene que ver con hacer más trabajo sino con hacer las cosas correctas, y específicamente con hacer un mayor número de esas cosas correctas. Esto es especialmente eimportante n un mundo en el que vivimos sometidos a distracciones y estímulos múltiples que parecen diseñados para sacarnos de «la zona»[123] las 24 horas y los 7 días de la semana. Para lograr algo tan «revolucionario», Hyatt propone un sistema en tres fases:

1. Parar: imprescindible –aunque parezca desafiar la lógica– para poder descubrir –o redescubrir– por qué y para qué estamos trabajando (y ojalá también que esté relacionado lo más estrechamente posible con nuestras causas).

2. Eliminar lo que no sea necesario, urgente o estratégico, realmente importante o intrínsecamente conectado con esas causas y con nuestros inventarios estratégicos en el corto, medio y largo plazo. Dejar de hacer actividades de valor marginal para poder liberar tiempo para lo importante, suprimiendo sin reservas las tareas de poco valor añadido –como las múltiples labores que realizamos para alimentar luchas internas–, automatizándolas en lo posible o delegándolas cuando tenga sentido (tratando, eso sí, de evitar pasar marrones a otros; ya sabéis a lo que me refiero).

3. Llenar nuestros días y nuestras agendas con tareas verdaderamente estratégicas, necesarias y deseadas, buscando cómo realizarlas utilizando menos tiempo y energía… y menos estrés. Se trata de lograr mucho más con nuestro tiempo haciendo menos y mejor, para poder rejuvenecer y salir del modo crisis y de debajo de las losas en las que cada uno estemos metidos. Y de emplear el tiempo liberado para descansar y disfrutar de la vida, porque como una vez le escuché decir a un entrenador de deportistas de alto rendimiento, el resultado en la pista depende sobre todo de la vida que hacemos fuera de ella.

---

123   «La zona», el estado de «flow» o de gracia del que hablamos cuando tratamos el tema de la Presencia.

Otras aportaciones del trabajo de Hyatt que tienen que ver con temas de los que ya hemos hablado, son conceptos como que el tiempo es una variable fija pero que nuestros niveles de energía y nuestra capacidad de concentración no lo son, y de ahí la importancia de cuidarnos para acceder a la mejor versión de nosotros mismos de la que seamos capaces en cada momento. Yo diría que a estas alturas nos ha quedado claro a todos que el aumentar nuestro tiempo de trabajo no aumenta proporcionalmente nuestra producción, sino que la evidencia empírica apunta más bien en dirección opuesta. No solo es imposible mantener el mismo nivel de energía y concentración durante todo el día todos los días, sino que el abusar de nuestra energía de manera continuada nos coloca en una zona de suma 0 y se lleva por delante nuestra capacidad de poner en práctica el resto de estrategias de nuestra fórmula del liderazgo, empezando por la presencia y terminando por nuestra disposición a jugar el juego.

Una cita con el artista que vive en ti

Me gustaría cerrar esta reflexión compartiendo con vosotros una práctica que me ha servido muchas veces para salir de mis periodos de atasco y liberar mi energía para enfocarla realmente en la «zona de deseo» de la que habla Hyatt. Es la «cita con el artista» que propone Julia Cameron[124]. Se trata de tener una cita con ese artista interior que todos llevamos dentro, incluso en los momentos más difíciles y aún a pesar de tenerlo amordazado durante largos periodos. Regalarnos una salida semanal en solitario para explorar algo que nos interese, enriquezca o inspire. Ni siquiera es necesario que se trate de algo específicamente relacionado con el arte. Lo importante es que sea algo que nos resulte nuevo, emocionante, delicioso… Romper con la rutina y cambiar durante unas horas los esquemas mentales y las estructuras de pensamiento en las que solemos movernos en nuestro día a día para recolocar nues-

---

124   Os recomiendo su libro: *The Artist's Way: A Course in Discovering and Recovering your Creative Self*.1997. Pan Books. Uno de los mejores tratados de vida que han caído en mis manos. Un libro para visitar y revisitar a lo largo del camino.

tras piezas internas, despejar bucles y respirar de modo que seamos capaces de divisar nuevas perspectivas. También para nutrir nuestro cerebro con ideas, argumentos y sensibilidades que nos aporten savia nueva y nos enriquezcan.

Las recompensas de los encuentros con mi artista interior suelen ser energía e inspiración renovadas y alguna que otra clave para salir de los secuestros de mi amígdala. También me ayudan a tomar decisiones, como poner a ciertas personas y situaciones en *standby* mientras encuentro los recursos para lidiar con ellas con más sabiduría, recuperar la memoria sobre lo que es importante y todo el resto, que no lo es, después de periodos más o menos prolongados de amnesia y a descubrir alguna pista para salir de ciertos hoyos.

ACTÚA DE FORMA IMPECABLE

Como siempre al final de cada estrategia, a continuación te propongo una serie de preguntas que te permitirán reflexionar acerca de cuán impecable es en general tu forma de actuar y de cómo lo estás haciendo últimamente. Se trata de analizar el «estado del arte» y pensar en aquello que te gustaría mejorar o modificar para seguir trabajando en esta dimensión.

1. ¿Dirías que esta dimensión es una de tus fortalezas? ¿Qué tal se vive en el territorio de la acción impecable? ¿Te consideras un ejemplo de búsqueda de la excelencia y de promoción de la meritocracia?

2. Si hicieras un inventario estratégico de tus objetivos y acciones a lo largo de un periodo que en este momento tengan especial sentido para ti, ¿qué porcentaje de ellos dirías que son actividades y patrones de comportamiento no esenciales?

3. ¿Cómo de impecables dirías que son tus palabras en general? ¿Qué ocurre cuando las usas para hacer magia blanca?

4. ¿Cuáles son las tres prioridades estratégicas de tu organización y de tu equipo para los próximos 6-12 meses? ¿Tienes alguna idea sobre el horizonte en 18 meses-2 años? ¿Cuáles son las metas y prioridades, y cómo se relacionan con las anteriores?

5. Si haces un análisis sincero de tu agenda de los últimos 6 meses... ¿qué porcentaje de tu tiempo has pasado en la zona de deseo? ¿Y en las otras zonas? ¿Qué pasos podrías dar en el próximo mes/6 meses/1 año para hacer más de lo importante?

6. ¿Qué tal está tu artista? ¿Tienes citas con él de forma regular? ¿Qué situación o persona te podría ayudar en este momento? ¿Cuándo vas a tener tu próxima cita y a qué la vais a dedicar?

8

...Y RECUERDA QUE TODO ES UN JUEGO

8

...Y RECUERDA QUE TODO ES UN JUEGO

Vive la vida como si todo estuviera inclinado a tu favor.

Rumi

a última estrategia en la que me gustaría detenerme tiene que ver con desarrollar la perspectiva de que todo es un juego, en el que nosotros, simples mortales, tenemos en realidad un papel bastante limitado. Y que, de hecho, y aunque nos cueste aceptarlo, a menudo no somos los protagonistas. Los pocos grandes que conozco lo entendieron pronto en sus caminos y eso les ayudó a desarrollar un sano filtro a través del cual mirar la realidad, cuyos frutos son cualidades tan valiosas como la lucidez, la ecuanimidad, el sentido del humor, la irreverencia, la amabilidad, o la alegría inocente... todos síntomas claros de tener el ego bajo control, de haber entendido de qué va la cosa y de haber desarrollado una relación saludable con la existencia. Este filtro no tiene nada que ver con el cinismo, tan habitual como estrategia para seguir adelante con una vida no demasiado examinada. Se trata más bien de abordar ese examen con moderación y de teñir la imagen que tenemos tanto de nosotros mismos como de los otros con considerables dosis de compasión. Esa actitud de sana distancia respecto a la «realidad», que yo llamo «mediterraneidad», es una herramienta de vida y pieza del puzle de la grandeza que completa bellamente los métodos de contemplación propios de las cosmovisiones orientales hoy tan predominantes.

Haber entendido que en el fondo todo es un juego y conservar intactos al mismo tiempo un cierto candor y el compromiso con la realidad que nos rodea es un rasgo propio de seres humanos maduros, que de hecho, en general, excepto para los muy pocos que lo traen de fábrica, suele llegar más en la segunda que en la primera mitad de la vida y a menudo después de alguna crisis importante. Es además un rasgo de sofisticación «de la buena» y debería ser requisito previo para regir los destinos de otros. Así no nos encontraríamos en la cima con tantas personas que han llegado sin demasiadas magulladuras y disfrutado de un cierto éxito, y cuando llega el primer contratiempo importante lo van arrastrando, junto con su falta de herramientas para lidiar con la frustración, con consecuencias nefastas para sus equipos, organizaciones… y hasta países. Se trata, como ya vimos cuando hablamos de causas, de exprimir bien nuestras crisis y vivirlas en toda su extensión para salir de ellas habiendo entendido el juego y listos para jugarlo desde una versión actualizada.

Jugar el juego

En todos los sistemas, instituciones, organizaciones y equipos existe un juego que se va volviendo más complicado a medida que vamos ascendiendo en la pirámide, y no solo tenemos que ser conscientes de él, sino que debemos aprender a jugarlo para poder ser efectivos y contribuir en mayúsculas, especialmente si pretendemos aportar algo a la agenda grande. También aceptar que debemos conocerlo bien antes de poder cambiar las reglas o aplicarnos a transformarlo para hacerlo desde la credibilidad y la influencia, y no desde la ingenuidad o la arrogancia. Y es que «jugar el juego» sin perderse en él ni perder de vista el objetivo de transformarlo es una habilidad que requiere una gran sofisticación.

El juego exige mucho más que talento y habilidad. Implica el dominio de una serie de normas no explícitas y aceptar que esas normas nos pueden llevar a revisar nuestras creencias y percepciones sobre nosotros mismos y a definir y redefinir constantemente nuestros objetivos. También a vernos impelidos a empuñar nuestros valores casi como un arma para conservar aquello que nos sea esencial. Y aceptar que no saber o no querer jugar el juego, o convertirnos en rebeldes con o sin causa -a menudo la supuesta causa esconde en realidad cierta incapacidad, una pretendida superioridad moral o simplemente falta de talento- es perfectamente lícito, pero tiene consecuencias. Y que esa presumida «rebeldía» no nos da licencia para creernos mejores que otros o para criticarlos, y sí puede en cambio limitar nuestra contribución a las causas que de verdad nos merecen y por las que vale la pena luchar.

En mi camino, y en el de muchos a los que he tenido la oportunidad de acompañar, ha habido «sangre, sudor y lágrimas» en torno a este tema, incluidas noches de insomnio y momentos en los que en plena «montaña rusa» se ha hecho necesario pararse a pensar si era un juego al que realmente merecía la pena jugar. Al mismo tiempo he sido testigo de logros extraordinarios de aquellos que se han convertido en verdaderos maestros en el gran juego sin perderse en él ni olvidar los anhelos de su mejor versión.

No me atrevería a decir que conozco las reglas, especialmente porque, como ha quedado establecido, jugar el juego es un arte y las reglas cambian según los contextos a menudo de forma vertiginosa e impredecible. Sin embargo, sí creo que hay una serie de pautas comunes a los juegos que he vivido o conocido. Enunciarlas tal vez pueda servirnos para salir de alguno de los hoyos en los que andamos metidos e incluso para prevenir nuestra caída en algún otro que ande al acecho. Esto sin olvidar lo fundamental: internalizar que se trata de un juego y aprender a disfrutarlo en lugar de ofuscarse como si fuera real y no hubiera una «matrix». Y que no podemos estar dispuestos a todo para ganar. Por eso la irreverencia, el sentido del humor y la humildad son a menudo las mejores tácticas.

Enumero algunas de esas pautas para que las completéis con las vuestras con el objetivo de convertirnos en mejores jugadores:

1. Lo más importante es siempre la intención. En cualquier momento del juego, pero sobre todo antes de tomar cualquier decisión, es importante considerar con honestidad nuestra motivación, porque si lo que nos guía es el miedo, la inseguridad, la venganza, la envidia, o cualquiera de sus derivados, lo mejor es dejar de jugar. En el

lenguaje que compartimos se trata de mantener una intención impecable para poder jugar de forma igualmente impecable[125].

2. En el gran juego, la verdadera recompensa, más allá de los oropeles, solo la obtienen quienes están dispuestos a superar sus límites y tratan de contribuir a algo que está más allá de ellos mismos... lo que nosotros hemos llamado «causas».

3. El juego real –que no los sucedáneos– es para valientes, y jugarlo nos hace sentir estimulados e inspirados y salir de la zona de confort. Para jugarlo debemos estar dispuestos a perder algunas manos para seguir jugando y por fin llegar a ganar.

4. El juego requiere que dediquemos tiempo y energía a crear relaciones basadas en la confianza, llevar a cabo transacciones en las que ganemos todos y construir alianzas. Dicen los expertos que es más inteligente construir alianzas amplias, mostrando a las personas que pueden confiar en nosotros independientemente de la facción ganadora en cada momento concreto.

5. En cuanto a las formas, las únicas verdaderamente lícitas son las consistentes con una intención impecable, y por tanto no valen mezquindades, habladurías, puñaladas por la espalda, manipulaciones... que, aunque a veces pudiera parecerlo, en el fondo no son necesarias para ganar.

6. Para jugar es necesario cuidar nuestra salud física, mental y emocional para mantener la resistencia durante toda la partida... o salir del juego en el momento en que nos demos cuenta de que hemos dejado de cuidarnos y la situación se nos está yendo de las manos. También es importante entender que en última instancia son la mirada estratégica, el estado de ánimo, las relaciones y la capacidad de influencia, y no el poder o la autoridad nominales, los que suelen hacer cambiar las tornas.

---

125   La *bienveillance* de la que tanto se habla en nuestros días en la Francia corporativa.

7. Jugar o salir del juego no son las dos únicas opciones, porque ni el juego es tan limitado ni es esa su verdadera esencia. Tenemos otras opciones, como la de rediseñar el juego –o al menos partes de él– mientras jugamos. De hecho, para muchos de nosotros, y por definición para los de causas grandes, el objetivo final es a menudo cambiar tanto el juego como sus reglas, y para eso tenemos que jugar.

8. Para jugar son esenciales la habilidad política y la capacidad para negociar, dialogar y persuadir eficazmente. Se trata de haber aprendido a vivir en la influencia, ser conscientes de la existencia tanto de dinámicas personales como de equilibrios de fuerzas y gestionarlos con sabiduría. Todo lo contrario a pretender que no existen o ir a lo nuestro y autoexcluirnos del juego por no ser capaces de enfocarnos en lograr resultados colectivos.

9. Es fundamental jugar el juego de forma auténtica, intentando mostrarnos como somos y no pretendiendo ser otros para lograr el reconocimiento ajeno. Ya hablamos en su momento de la importancia de mantener una relación de independencia respecto del reconocimiento de los otros para no rendirnos nunca a él, aplicándonos simultáneamente el reconocimiento propio con liberalidad.

10. Finalmente, tanto en el juego como en todas las situaciones importantes de la vida, hay dos cosas que siempre resultan útiles: el sentido común y el sentido del humor. El sentido común es un arma letal si se sabe usar y el humor es una estrategia maravillosa para ganar perspectiva, aligerar situaciones y abordar lo verdaderamente importante con maestría y delicadeza. Nos ayuda también a no tomarnos nada demasiado personalmente, a sobrevivir los naufragios y, no menos fundamental, a evitar ese horrible hábito de predicar y dar consejos a los demás, actitudes especialmente importantes cuanto más arriba estemos. Porque en las alturas la crítica bienintencionada escasea y las personas dependen en buena medida de su propia capacidad para la autoconciencia para crecer y mejorar, y eso las hace vulnerables al elogio y proclives a instalarse en posiciones de «mentalidad fija»...[126] y con ello comienza el principio del fin.

126   ¿Recordáis la distinción de Carol Dweck que descubrimos cuando hablamos de «mentes expandidas»?

El juego requiere tiempo y madurez para poderlo apreciar, especialmente cuando se trata de organizaciones e instituciones complejas y en mayor o menor medida burocráticas. Puede ser además enormemente desalentador para aquellos que ingenuamente ingresan en el mundo de las organizaciones listos para simplemente aplicar su talento y esfuerzo. Los ingenuos se arriesgan -o nos arriesgamos- a vivir con el corazón roto al descubrir la capacidad de ciertos organismos para menospreciar e incluso eliminar a aquellos que poseen inteligencia, creatividad e imaginación, favoreciendo por el contrario a aduladores y mediocres.

Eso nos hace sentir a veces que la forma más fácil no solo de sobrevivir, sino de avanzar, es capitular y hacer lo que el sistema espera, renunciando a nuestra propia individualidad, aunque eso implique renunciar también a expresar nuestro potencial. Aquellos dispuestos a sacrificar su individualidad en el altar de la promoción profesional -yo les llamo «mayordomos», con todo el respeto por tan distinguida profesión- pueden, y lo hacen a menudo, ascender en la organización, tal como predice el principio de Peter[127]. Al hacerlo, sin embargo, y sin entrar en el coste que esto tiene para sus organizaciones, ellos pagan también un alto precio: el de la insatisfacción perenne con su trabajo -y con su vida- , e incluso para los que aún son capaces de mirarse con ojo crítico, el de la pérdida del respeto por sí mismos. Eso por no hablar de que quedan además condenados irremisiblemente a depender del reconocimiento ajeno para brillar.

El derecho a ser singular y la infalibilidad de los juegos

Me gustaría cerrar la reflexión destacando que en realidad la estrategia más inteligente para «jugar el juego» consiste en luchar por nuestro derecho a ser singulares. Se trata de reconocer que existe un juego, de exponerlo como tal, desafiando sus reglas cuando la situación lo mere-

---

127   Peter, Laurence J. (2013) «*The Peter Principle: Why Things Always go wrong*». Harper Business. Principio según el cual cualquier persona "tiende a elevarse en las organizaciones hasta su nivel de incompetencia».

ce, y de jugarlo cuando sea necesario sin quedar atrapados en él. Esto entraña ciertos riesgos, y de hecho mi experiencia me demuestra que los que están «dentro pero fuera» en general no ascienden en la organización en la misma medida en la que lo hacen aquellos que juegan el juego sin recato ni condiciones, pero a cambio tiene la ventaja de permitirnos conservar intacta la dignidad. Además, y esto lo he comprobado muchas veces a lo largo del camino, esa disposición nos posiciona para un éxito aún mayor y en nuestros propios términos, aunque a menudo suele tardar un poco más en llegar.

Las culturas corporativas burocráticas y basadas en jerarquías a la antigua usanza y en la competitividad –que no meritocracia– están entrando o entrarán en crisis debido entre otros factores a sus límites inherentes para afrontar el futuro que viene, al cambio generacional y a las muchas transformaciones que nos esperan. En tiempos de transición puede que sea el mediocre el que impere en ciertas organizaciones, pero quiero creer que los futuros disruptivos que nos esperan favorecerán el que sean las personas audaces, con talento y dispuestas a hacerse cargo de su propio destino las que destaquen de la multitud. Cuando el pensamiento grupal falle, como acabará por ocurrir, se abrirán oportunidades para aquellos capaces de actuar como emprendedores. Y así, en muchos sectores serán las «repúblicas de pymes»[128], como las define uno de los CEOs con los que trabajo, las que tendrán más oportunidades no solo de sobrevivir, sino de triunfar.

Contribuir a las nuevas culturas manteniendo a la vez nuestra dignidad y autoestima seguirá requiriendo el que reconozcamos lo antes posible que todo es un juego, y que el juego es diferente en cada lugar. Las organizaciones seguirán teniendo centros de poder e intereses con agendas diferentes, especialmente las grandes empresas e instituciones. Centros de poder que derivan en parte del equilibrio dinámico entre los objetivos de distintos departamentos y de los sistemas de «control

---

128   Pequeñas y medianas empresas. Me refiero a empresas muy poco burocráticas independientemente de su tamaño, con procesos, especialmente los de toma de decisión, eficientes y flexibles, estructuras de mando muy eficientes y esas culturas ágiles que están tan de moda. Empresas que actúan como si fueran una asociación de empresas pequeñas evitando burocratizarse al crecer.

y balance» que imponen sus mecanismos de gobernanza y que son necesarios para garantizar el cumplimiento de estándares fundamentales, incluidos los derivados de la ética. Pero además de eso, especialmente en momentos de crisis, en las organizaciones existen a todos los niveles «pseudo líderes» de agenda propia. Son los *takers* que tipifica Adam Grant, y que en momentos de miedo e incertidumbre desgraciadamente tienden a proliferar. Estas personas compiten para lograr poder, protagonismo, información, recursos y prebendas, que administran y reparten entre sus acólitos.

Descubrir y entender estos juegos nos da perspectiva para burlarnos de lo absurdo de muchas de sus reglas, incluso si a menudo solo podemos hacerlo, al menos durante un tiempo, «en la privacidad de nuestros propios pensamientos». Y nos posiciona para poder jugar con éxito y disfrutando al mismo tiempo en el camino.

Jugar el juego puede ser definitivo para nuestra progresión profesional, pero también para poder defender nuestras causas, especialmente las magnas y altruistas, aunque pueda parecer un contrasentido. Juzgar y criticar el juego o sentirnos mejores que el propio juego y que quienes lo juegan no nos llevará a los mejores lugares. Se trata de jugar para transformarlo, cambiar sus reglas y convertirlo en un juego de bien común y agenda grande, hasta poder algún día trascenderlo. Y asegurarnos de que jugamos en compañía, rodeándonos de las personas apropiadas –tanto en nuestras redes personales como en las profesionales– para que el juego resulte placentero, y apartándonos de los elementos tóxicos o peligrosos. Eso nos permitirá mantener, como cuando éramos niños, intactas y absortas la imaginación, la curiosidad, las ganas de participar… y la fidelidad a los anhelos y sueños de nuestra mejor versión.

CIERTOS JUEGOS MERECEN LA PENA

No dejamos de jugar porque envejecemos; envejecemos porque dejamos de jugar.

G.B. SHAW

En mis andanzas por el mundo, a veces los dioses me regalan momentos y personas extraordinarios que le dan sentido a todo lo demás. Algunos de estos espacios poderosos me los brinda mi trabajo en forma de encuentros y conversaciones que yo llamo «de tercera derivada», que me permiten recordar que, incluso si colectivamente puede parecer que hemos olvidado «el camino a casa», todavía hay muchas personas dispuestas a hacer su parte para que no sea así.

Ese es el tipo de espacios que comparto con Xavier Coll, a quien conocí poco después de volver a España y a cuyo despacho llegué teleguiada desde Washington por dos mujeres que en mis años americanos jugaron conmigo el papel de mentoras, y que fueron en su momento pieza clave de su equipo en el Banco Mundial. Nuestra conversación comenzó con un primer té en su despacho y ha ido evolucionando con los años, los encuentros y los desafíos, y además de tés hemos aprendido a compartir preguntas, anhelos, descubrimientos y definitivamente alguna causa.

Xavier Coll es hoy director general de Recursos Humanos y Organización de CaixaBank, adonde llegó como director ejecutivo de Recursos Humanos en 2008. Antes de eso trabajó en el Banco Mundial como director de gabinete del presidente (James Wolfensohn, todo un personaje a quien Bill Clinton eligió para dirigir la institución multilateral de crédito más grande del mundo), para pasar a ser después vicepresidente de Recursos Humanos. También trabajó en el Banco Europeo de

Inversiones en Luxemburgo, donde fue director de Recursos Humanos. Pero antes de todo eso, Xavier fue –lo sigue siendo– médico, un médico con vocación de gestión que en el año 1983 se fue a hacer un MBA a la Universidad de Chicago con una beca que curiosamente le dieron «los de la Caixa». Médico también por tradición familiar, con una infancia y una adolescencia marcadas por una educación con los valores bien asentados y criado, según sus propias palabras, con una educación estricta en la que se le daba mucha prioridad al conocimiento. Una educación de la cual formó parte el estar cerca de enfermos y hospitales, una experiencia que le impactó profundamente y que le ayudó a entender que «el buen liderazgo tiene mucho que ver con la inteligencia social y emocional, con la capacidad de interacción y con la generosidad de espíritu y la dedicación a los demás».

Con Xavier comparto preguntas, un lugar de partida y una mirada concreta: la de contribuir al desarrollo económico, social, cultural trabajando con las personas que son nodos de red y tienen un potencial efecto multiplicador y sistémico. De ayudarlos en su esfuerzo personal de elevar el listón y hacer una reflexión profunda sobre sí mismos y sobre el tipo de valor que quieren crear, para que puedan resolver si se conforman con crear valor económico o deciden ejercer su responsabilidad de crear valor social. De formar a líderes que entiendan que si en las organizaciones no hay un liderazgo social verdadero y en los equipos no se desarrollan los valores humanos para avanzar hacia el éxito, veremos cómo nuestra civilización va también, poco a poco, bajando el listón. Y que reconozcan que los tiempos nos obligan a ejercer esa responsabilidad de cambiar las cosas en lugar de mirar hacia otro lado.

En esa línea, o, si lo preferís, en pos de esa causa, hace ya algún tiempo que comparto con él un proyecto que en su momento creó –y al que más tarde me sumé– con un grupo de personas que participaban de su preocupación por acompañar a los directivos de las grandes empresas españolas a prepararse para la dura carrera de fondo que es el liderazgo. Ese proyecto se concretó en un programa que nació con el objetivo de contribuir a fomentar la excelencia entre nuestra futura clase directiva. Un objetivo ambicioso y de juego grande para un programa que pretende aportar una pieza con personalidad propia a un puzle en el que hay muchas otras.

Este programa reúne muchos componentes complementarios, desde la reflexión sobre el auto-liderazgo a la revisión de los diferentes espacios que hoy por hoy deben formar parte del perímetro de un gran directivo, desde la geopolítica a la filosofía o la ética, pasando por la tecnología, el cambio climático, los avances de la ciencia o la responsabilidad de nuestras empresas e instituciones en el ámbito social. Se trata de crear un laboratorio donde agitar *mindsets*, refutar certidumbres y hacerles aún más conscientes de su responsabilidad –y de su potencial efecto multiplicador–, dándoles al mismo tiempo recursos para reinventarse. Para lograrlo se crean espacios de aprendizaje, reflexión y diálogo que permitan a los asistentes poner en cuestión sus territorios y mapas pero también las fronteras, conexiones y propósitos de sus sectores, sus organizaciones, sus equipos y ellos mismos. Un espacio seguro donde «disrumpirse» para evitar ser «disrumpidos».

Xavier entendió hace ya mucho la importancia de que empresas e instituciones renueven su compromiso con las personas y creen espacios e incentivos para que puedan dar lo mejor de sí mismas. También de que aquellos que ejercen un papel de liderazgo se den colectivamente el permiso de aprovechar su lugar para ser palancas del cambio. Y de prepararse para tener la autoridad moral para jugar ese papel de cambiar el mundo, comenzando por el propio y por el de las muchas personas sobre las que tienen, incluso sin darse cuenta, un impacto directo.

De él destaco su *gravitas* y una presencia a la vez poderosa y liviana que alberga una mente curiosa y expandida, interesada por mundos y disciplinas diversos. También su calidez y una cierta inocencia que permanece intacta a pesar de las cicatrices. Su dominio de la escena, su sentido del humor y su generosidad para poner sin reservas sus fortalezas al servicio del otro y de las causas compartidas. Y su capacidad para jugar el gran juego con elegancia, recordando siempre que se trata solo de un juego que hay que jugar sin perder la sonrisa y eligiendo nuestras acciones con sabiduría.

Mi deseo para él es que conserve intacto su sentido de misión, que se mantenga fiel a sus causas y que el juego le traiga a cambio un depósito de energía renovada. Y que siga estando al otro lado para continuar compartiendo tés, causas y juegos que nos merezcan.

PREPÁRATE PARA TRANSFORMAR EL JUEGO

*La madurez del hombre es haber vuelto a encontrar la seriedad
con la que jugaba cuando era niño.*

FRIEDRICH NIETZSCHE

A veces tengo el privilegio de que pasen por mis manos directivos que, habiendo llegado al máximo nivel como estupendos segundos en sus organizaciones, son promocionados a posiciones ejecutivas. Esto implica ocupar posiciones de primeros, independientemente de cómo se denominen y de dónde aparezcan en los organigramas, que a menudo son meramente orientativos de las verdaderas estructuras de poder.

Este proceso, que para algunos representa un verdadero salto cuántico, toma un tiempo y requiere un cambio de paradigma que muchos no logran hacer, porque a partir de un determinado momento la nota dejan de ponérnosla por ser los primeros de la clase y lo verdaderamente diferencial pasa a ser saber «jugar el juego». El juego del que hablo, el único que en mi opinión merece ser jugado, es el juego colectivo, de agenda grande –estratégica y de bien común–, y siempre regido por el *fair-play*, así que si me permitís me voy a ahorrar la discusión sobre la necesidad de jugarlo.

Se trata de entender que lo que necesitamos desarrollar, a niveles muy diferentes a los que nos llevaron a ser segundos, es la destreza política y la capacidad de vivir con holgura en el mundo de la influencia. También de ser conscientes, como ya hemos comentado, de la importancia de las dinámicas existentes, de las relaciones y los equilibrios de fuerzas y de poder. Y de definir y perseguir objetivos de agenda grande, ejercitándonos en el arte de lograrlos con otros, y no solo con los que dependen de nosotros, sino con quienes tienen objetivos que a primera vista pudieran parecer contradictorios con los nuestros pero con los que necesariamente tenemos que desarrollar en algún momento relaciones significativas y basadas en el beneficio mutuo.

La necesidad de salir de la mentalidad de segundos y entender la importancia de iluminar a otros

Al principio solemos tener la tentación de autoexcluirnos del juego, porque estamos demasiado ocupados tratando de hacernos con el perímetro de la nueva posición. Esta actitud suele tener consecuencias nefastas y generarnos niveles ingentes de estrés. Además, normalmente tiene un impacto negativo en nuestro rendimiento, relaciones, resultados, y si no rectificamos a tiempo, en nuestra progresión profesional. Para algunas personas, esa autoexclusión es pasajera, temporal y fruto de la dificultad para ocupar la nueva posición con desahogo. En otros casos, los más peligrosos, nos negamos a jugar por una pretendida superioridad moral –«yo no tengo tiempo para andar por los pasillos», «no me imaginaba que me iba a encontrar esto al llegar arriba»–, que en algunas ocasiones es un intento de esconder nuestra incapacidad o falta de talento para «cambiar de liga», si me permitís el símil, y esto suele tener consecuencias. Por otra parte, aprender a jugar el juego requiere no solo que conozcamos bien nuestras causas, sino que analicemos profundamente nuestras creencias y percepciones sobre nosotros mismos para tener claro cuáles son realmente esenciales y reflejan nuestros valores y cuáles son excusas que esgrimimos para ocultar nuestro miedo y e inseguridad.

En posiciones de primero suelen tener poco éxito los que siguen empeñados en mostrarse como expertos técnicos y no logran salir de la mentalidad de segundos. Tampoco les va bien –al menos a medio y a largo plazo– a los que no creen que jugar con otros para brillar o convertirnos en favoritos en lugar de compartir el pódium o, mejor aún, dedicarnos a «iluminar» a otros, es una forma de operar sostenible.

En todos los casos, al llegar a una posición de este calibre, la actividad fundamental, que debe representar un alto porcentaje de momentos *premium* en nuestras agendas, ha de ser precisamente, y desde el primer instante, la de renovar y cultivar de forma estratégica y consciente nuestros accesos y redes relacionales. Una vez entendidos los objetivos y dinámicas clave, y habiendo comenzado a vislumbrar cómo maximizar nuestra contribución, se trata de desarrollar una base amplia de alianzas que nos permita contribuir a la agenda grande y de no dejarnos cooptar por grupúsculos o facciones en guerras de guerrillas que seguro tarde o temprano nos acabarán pasando factura.

La transformación de Sheryl

Todo esto me recuerda una historia que ahora me provoca una sonrisa pero que en su día me hizo sufrir y devanarme los sesos durante una temporada. La vamos a llamar Sheryl, y fue una de las primeras directivas promocionadas a una verdadera posición de primera con las que he trabajado. Sheryl era directora de comunicación en una multinacional, y fue nombrada después de ser muchos años la fiel segunda de un gran primero con capacidades de *influencer* nato y contactos en todos los estamentos relevantes, que dejó la organización después una larga trayectoria que lo había convertido en «dueño del cortijo». Un personaje que además había llegado a su puesto mucho antes no solo que el CEO del momento, sino también que la mayoría de sus colegas del comité de dirección, y que había sabido aprovechar el movimiento ascendente de los que saben gestionar las relaciones con los medios y navegar en el mundo volátil de los temas reputacionales para afianzar su posición como pieza imprescindible.

Sheryl era en aquel momento una mujer joven, muy preparada, enormemente capaz, conocida en los medios y con una reputación intachable como «primera de la clase». Sin embargo, respecto a la organización en su conjunto, y especialmente respecto a sus compañeros del comité, era una desconocida que había permanecido en la sombra, haciendo un trabajo excelente, aunque sin demasiadas oportunidades para brillar durante muchos años.

No me voy a detener, aunque daría para una buena conversación, el si lo que su jefe hizo al mantenerla en la sombra durante años había sido correcto ni si lo fue el que ella lo permitiera. Digamos simplemente que logró ser considerada para la posición y que se la eligiera, sin que eso implicara necesariamente que hubiese consenso sobre su idoneidad para desempeñarla, como ocurre en la mayoría de los casos a este nivel a veces por causa de factores tan humanos como la pura y simple envidia.

Cuando tuvimos nuestra primera conversación, Sheryl llevaba cerca de tres meses en su nueva posición, estaba lidiando con una crisis mediática de enorme complejidad para la compañía, seguía buscando a su segundo, tenía problemas con su equipo y con la mitad de los miembros del comité de dirección, estaba cerca de tenerlos con el CEO y no tenía ni tiempo ni inclinación para jugar el juego, que consideraba indigno de alguien con su –ella usaba otras palabras– «superioridad moral». Pero también se sentía sola, llena de temores, dudaba en iguales proporciones de si ella se merecía el puesto –el hoy tan de moda Síndrome del Impostor– y de si de la organización que estaba descubriendo la merecía a ella, y estaba sumida en un estrés feroz y en una grave crisis de autoestima. La gota que colmó el vaso se dio cuando la mayoría de sus compañeros volaron a Nueva York con el CEO en el avión privado de la compañía para hacer una presentación de resultados y a ella la enviaron en un avión comercial sin darle mayores explicaciones.

El trabajo con Sheryl duró varios meses, en los que vivimos juntas muchos desafíos y en los que ella tuvo que replantearse profundamente toda su estructura interna. Comenzó con la decisión por su parte de explorar el nuevo territorio desde un lugar también nuevo, con humildad y generosidad, para poder así discernir y decidir cuando llegara el momento si el juego y la propia empresa la merecían realmente y si podía encontrar la forma de dar espacio a sus causas, redimensionándolas para adaptarlas al perímetro de su nueva posición. Fueron conversaciones muy estratégicas, pero también muy «del alma», muy personales, donde empezamos recorriendo el camino del autocuidado, en las que hablamos mucho sobre influencia… y donde el tema central fue sin duda qué juego la merecía, cómo aprender a jugarlo, y especialmente cómo adaptar el suyo a «la nueva liga» en la que estaba jugando.

Después de ese aprendizaje, Sheryl decidió quedarse en la organización, donde ha tenido grandes logros, aunque siga enfrentándose a muchos desafíos, ha encontrado su lugar junto al CEO y está aprendiendo a contribuir a la agenda grande. Por fin tiene un segundo, que como era de esperar no es su clon pero que tiene otras virtudes, y ya no intenta ser «la primera de la clase». Ha aprendido a vivir con las imperfecciones propias y ajenas manteniéndose lo más impecable posible la mayor parte del tiempo. Y algún día, me consta, cuando se dé un cambio geopolítico, que tarde o temprano llegará, y junto a otras personas que han ido llegando a las alturas, tendrá la oportunidad no solo de cambiar algunas reglas, sino de contribuir a transformar el juego para que se parezca cada vez más al que ella decidió en su momento que sí merecía la pena jugar.

...Y recuerda que todo es un juego

Llegados hasta aquí, es momento de cerrar el círculo y pensar qué juego o juegos te merecen y con qué causas estás lo suficientemente comprometido como para que merezca la pena no solo jugar sino transformar el juego y trascenderlo. También es aconsejable que analices qué tipo de jugador quieres ser y qué hacer para recordar, si alguna vez pierdes la perspectiva, que en el fondo no es nada más que un juego:

1. ¿Cuál es el juego al que merece la pena jugar en este momento? ¿Serías capaz de enumerar sus tres o cuatro reglas clave?

2. ¿Cuál es la agenda grande –no te mientas– a la que está conectada tu causa? ¿Estás contribuyendo realmente a ella?

3. Cuando te has autoexcluido del juego... ¿por qué lo has hecho? ¿Qué consecuencias ha tenido?

4. ¿Te consideras un ejemplo de *fair-play player*? Cuando no logras jugar de forma impecable... ¿cuáles son las emociones que se cruzan en tu camino?

5. ¿Qué síntomas –miedo, enfado, pérdida del sentido del humor, desesperanza, pasividad...– te avisan de que has olvidado que todo es un juego? ¿Cómo los puedes detectar? ¿Y combatir?

6. ¿Cuáles son los anhelos y sueños de tu mejor versión? ¿Cuál es el paso más importante que puedes dar en este momento para mantenerte fiel a ella?

7. ¿Cuántos instantes de belleza, emoción y sentido de trascendencia has vivido últimamente?

¿ADÓNDE VAMOS DESDE AQUÍ?

Termino este libro en Madrid en septiembre del 2021... un momento en que lejos de aclararse, la situación de crisis mundial parece estar volviéndose cada vez más compleja. En estos días he escuchado la palabra tibetana «bardo» para describir los tiempos que estamos viviendo. «Bardo» significa literalmente «estado intermedio» o estado de transición, y los budistas la utilizan para referirse al estado de existencia entre dos vidas en la Tierra. De acuerdo con la tradición tibetana, después de la muerte y antes del próximo nacimiento, cuando la propia conciencia no está aún conectada con un cuerpo físico, el alma experimenta una variedad de fenómenos a lo largo de un periodo que dura un máximo 49 días. Para los avanzados espiritualmente, el «bardo» ofrece una gran oportunidad para la liberación, mientras que para el resto de los mortales puede convertirse en un lugar de peligros de todas clases que podría llevarnos a un renacimiento poco deseable. Y siento que en cierto modo la humanidad en su conjunto –y cada uno de nosotros individualmente– estamos en ese periodo y tenemos una ventana de oportunidad que no va a durar mucho más tiempo y que podemos –y debemos– aprovechar para ir hacia una mayor liberación, creatividad, bienestar... o bien quedar abocados sin remisión a renacimientos menos deseables que la vida que ya teníamos.

Como muchas de las personas con las que estoy en contacto en múltiples espacios, me debato entre el temor y la preocupación genuina por lo que vendrá, y un agradecimiento profundo por poder vivir este momento extraordinario y por sentir que el futuro traerá cosas buenas si así lo decidimos. Comprendo desde lo profundo que cómo vivir estos tiempos asombrosos ha sido y es para cada uno de nosotros una decisión fundamental, y que todavía pueden representar una experiencia transformadora si decidimos abordar los desafíos, como le escuché decir el otro día a uno de mis sabios, como la oportunidad para todos los buscadores de testar nuestras creencias y poner en valor todo lo aprendido en el camino. De convertirlos en el momento elegido para ser parte de la solución, para estar tan despiertos como nos permitan nuestra conciencia y nuestras fuerzas, y para combatir con sabiduría y sentido del humor las fuerzas que nos empujan enérgicamente a abandonarnos a la inercia, la queja o la actividad febril. En un campo de pruebas ideal para aprender a «cuidarnos para cuidar», y para poner en juego en cada momento, cada espacio y cada interacción la mejor versión de nosotros mismos a la que seamos capaces de acceder.

El virus y todas sus externalidades nos están dando una lección definitiva para entender y aceptar que todas las cosas y todos los seres estamos conectados. No estamos separados, y ningún muro o frontera puede dividirnos completamente. Es solo una ilusión, como la de que cualquier confinamiento, sistema o medida coercitiva pueda mantenernos inmunes o realmente protegidos a largo plazo. Igual que no ha sido suficiente con lavarnos las manos, respetar la distancia social o evitar las multitudes, no lo será ahora con vacunarnos, atenernos a las reglas para conseguir el «green pass» o hacer nuestra parte -sea cual sea- lo mejor posible. Es necesario además llenarnos de gratitud por estar vivos, por no haber perdido nada realmente esencial -o por haber decidido seguir adelante si lo hemos hecho-, y por seguir pudiendo satisfacer la mayoría de nuestras necesidades. Pero además es necesario buscar la forma de contribuir a que otros puedan hacer lo mismo, y que cada uno desde nuestro lugar, y dependiendo de nuestros anhelos y accesos, decidamos mostrarle a la vida y al planeta ese agradecimiento y nuestro compromiso con el futuro del mejor modo que podamos imaginar. Y de mantenernos cerca de las personas que nos importan y permanecer humanos a pesar de la considerable presión para no serlo, de estar disponibles para transformarnos y para transformar, y de atrevernos a vivir vidas nuevas en formas también nuevas.

Es el momento para construir juntos espacios donde nuestro propio conocimiento, que emana de la intención profunda, se pueda revelar, para que puedan aparecer algunas de las piezas del puzle que cada uno estamos buscando para profundizar en la búsqueda de nuestras propias respuestas desde el cuidado, la conciencia y la libertad. De adoptar una perspectiva amplia y noble, y no permitir que el miedo, la incertidumbre ante los cambios masivos que estamos viviendo – y que no han hecho más que empezar– o la mezquindad nos apremien. De elevar la mirada al horizonte y alzarla para poder viajar lejos. De ser conscientes de que una de las pocas cosas que sabemos sobre lo que viene es que será tan disruptivo y al mismo tiempo tan potencialmente generador que no nos va a dejar otro camino inteligente que el de la transformación. Y que a los grandes dilemas que ya no sabíamos cómo afrontar en el mundo como lo conocíamos se van a unir tantas incógnitas que el «desorden internacional» solo será abordable desde una red de liderazgo colectivo. Porque vienen muchos «días después» que solo podemos emprender con éxito colaborando desde múltiples espacios en formas nuevas, comprometidas, poderosas y creativas, e integrando en el proceso las voces de los niños y los jóvenes, porque es a ellos a quienes pertenece el futuro.

Son tiempos para ocupar, como ya hemos visto, espacios de liderazgo que no son solo de nodo, sino de red, y para jugar nuestro papel, por pequeño y humilde que nos parezca, en la transformación de todo lo demás. Para alimentar la semilla de esa transformación que cada uno de nosotros llevamos dentro o tenemos cerca, porque como nos muestra la naturaleza, los grandes cambios comienzan desde la semilla, y a partir de ella viene todo lo demás. Para brillar e iluminar al mismo tiempo en ese proceso sin olvidarnos de buscar cómplices con los que crear alianzas amplias e inteligentes entre los múltiples personajes de una trama que cada vez tiene más hilos. Y para concentrarnos al mismo tiempo en desplegar el mejor *leadership* del que seamos capaces y en encarnar un *followship* de personas lúcidas, pensantes y dispuestas a hacerse cargo de sí mismas y de hacer rendir cuentas a quienes pretenden regir nuestros destinos.

No ha habido un mejor momento para poner en práctica las estrategias en las que hemos estado trabajando y para emprender el viaje de auto-transformación que a cada uno de nosotros nos corresponda abordar en este momento y en el que espero haber podido, y ojalá seguir pudiendo, acompañaros. Os invito a utilizar las preguntas que aparecen al final de cada uno de los ingredientes para elaborar el plan de ruta que os parezca más atinado en vuestro momento y circunstancias en ese camino de autoconocimiento que representa el liderazgo -y la vida-. Y a que os pongáis en marcha recordando que todo es un juego, disfrutando al máximo del proceso, sin olvidaros nunca de cuidaros y parando de vez en cuando a reflexionar, a elevar la mirada hacia el horizonte y a hacer inventario de vuestros logros. Y a sellar con orgullo el pasaporte cada vez que podáis pasar al lado de ciertos hoyos o encontréis otras calles por las que bajar.

Me gustaría creer que ha llegado el tiempo de lo que yo llamo la «red de esperanza». Una red que tiene como requisito de entrada el incluir el bienestar de los otros, cada vez más otros, en nuestro concepto de plenitud, y el estar dispuestos a dar lo que tenemos para formar parte de ella. Y a vivir el proceso como un rito de iniciación colectiva, porque, como una vez me dijo un gran directivo camerunés, parte de lo que nos ocurre es que hemos olvidado que en las comunidades los jóvenes adultos se inician en grupos. Grupos que les permiten formar lazos poderosos que los fortalecen y que los preparan para enfrentar los muchos desafíos que se les avecinarán con la edad adulta. Y ese es precisamente uno de los retos que enfrentan nuestras sociedades y que se está haciendo tan patente en estos días: el recuperar la convicción de que los desafíos importantes deben ser afrontados de manera colectiva, y que el poder del grupo fortalece a sus integrantes y nos proporciona al mismo tiempo el contenedor para que todos podamos crecer como individuos. Y que no deberíamos tener que elegir entre ser y pertenecer. Este es posiblemente el sentimiento más vívido que tengo en este momento: la necesidad de contribuir desde todos los foros de los que formo parte a un movimiento colectivo por el que vale la pena luchar. Y la certeza de que solo se puede vivir plenamente todo lo que vendrá en buena compañía.

Necesito volver a creer que el cambio de verdad es posible, y soy consciente de que este libro es en realidad el camino que elijo para lograrlo. Para restablecer el contacto con la nave nodriza que está en mi interior y a la vez encarnada en todos mis cómplices esparcidos por el mundo, a los que a través de él me estoy dirigiendo. No quiero imaginarme lo que viene sin conciencia, y creo firmemente que vivirlo desde ahí nos traerá un mundo pleno de despertares, imágenes, texturas, metáforas, colores y sensaciones nuevos. Y a nuevos espíritus afines, ojalá no muy magullados, pero sí más ligeros de equipaje, para construir juntos relatos que nos vuelvan a ilusionar, que alimenten nuestra imaginación y nos lleven a creer que un futuro mejor para todos es posible y a poner mente, corazón y voluntad en la tarea.

Os deseo lo mejor para vuestro «bardo» particular. Dejemos que la vida se abra camino y exprimamos esta crisis para salir de ella reforzados, con las raíces más profundas y las alas más extendidas, con más recursos, más paciencia y más sabiduría. Aprovechémosla para desplegar un nivel de respeto aún más profundo por la fragilidad humana propia y ajena. Seamos libres de intentar evitarla o de mirar hacia otro lado con la esperanza de que solo afecte a los otros. Vivámosla conscientemente, con alegría, abriéndole la puerta de par en par a lo que tenga que dejarnos, sufriendo, pataleando y dando rienda suelta a la furia si es necesario… pero disfrutando de todo lo que nos ofrezca y aprovechando los momentos en que la tempestad amaine para aceptar e integrar lo aprendido. Que la «fuerza» nos acompañe.

AGRADECIMIENTOS

Decía Borges que la dedicatoria de un libro, «como todos los actos del universo, es un acto mágico… el modo más grato y más sensible de pronunciar un nombre». Me gustaría que mi particular acto de magia les llegue con fuerza y alegría a todos los que me han acompañado para hacer este libro posible. Espero no dejarme a nadie importante, y si hay algún olvido, no habrá sido deliberado.

Empiezo por mis padres, que me alimentaron el vicio de la lectura y fueron los primeros que me impulsaron a escribir. También mi tía Juana, mis hermanos, mis sobrinas y sobrino y sus compañeros… especialmente Ale, a quien tanto queremos y que está en el otro lado. Continúo con mis «kindred spirits» e inspiradores: Aïda, Gloria, Ilan, Javier, Jesús, Marta, Ricardo y Salvatore, que han estado cerca de mí en el proceso. Muy importantes han sido también quienes me han permitido contar historias sobre ellos a lo largo de sus páginas, y a quienes considero referentes, tanto los que aparecen con nombre y apellidos: Ana Julia, Laverne y María, Hernani, Mar y Xavier, como los que aparecen de forma colectiva: los directivos de UNAMID, los líderes educativos de la Fundación SM y mis alumnos de la Fundación Botín. También los que aparecen mencionados como ejemplo a través de sus páginas, muchos de los cuales seguramente se reconocerán. Ojalá les arranque una sonrisa.

Mención especial merece Rosa por esa primera revisión del manuscrito, y especialmente Marta, mi editora, que ha creído en mí lo suficiente como para embarcarnos juntas en esta aventura. Y todos aquellos de quienes más he aprendido y continúo aprendiendo cada día, mis clientes y alumnos, personas a menudo extraordinarias de diferentes mundos que me han enseñado casi todas las cosas importantes que sé. Proceden de muchos países diferentes y han influido profundamente en mi visión del mundo.

Y todos mis maestros, reales e imaginarios, mis héroes sin pedestal, mis amores confesados e inconfesables, platónicos, admirados, disfrutados y temidos del pasado, presente y futuro. Todos esos referentes que han traído color a mi vida y me han convencido de que todo el mundo tiene algo extraordinario que aportar.

Y la parte de mí que se ha empeñado en que este libro viera la luz y que no me ha dado tregua a pesar de las múltiples razones que tenía y sigo teniendo para continuar con el resto de las cosas que estaba haciendo. Y finalmente a todos los cómplices en la «red de esperanza» que aún no conozco y espero que este libro me traerá. Que la Fuerza nos acompañe.

KOLIMA
BOOKS